基于"情暖童心"项目的双向育人创新路径探索与实践

Exploration and practice of bidirectional and innovative education path based on the "Love Warming Childhood" project

"情暖童心"教育精准扶贫项目组 组织编写

郭孝锋 编 著

人 民 出 版 社

编 写 组

魏彤儒　王　家　谭　琪　张　健　张蓓蓓

梁博通　赵　萱　郭泊钰　郑温馨　杨雯博

李　彦　胡海涛　高韶魁

目　录

序

本书从 2013 年开篇,主要叙述华北电力大学结合脱贫攻坚的时代背景,针对国家级贫困县——河北省顺平县实施的"情暖童心"关爱留守儿童教育精准扶贫行动。10 年来,华北电力大学坚持"扶贫与扶智、扶志"相结合的工作理念,充分发挥科学研究、人才培养、大学生等方面的智力和资源优势,联合地方政府和社会爱心企业构建了"三位一体"的工作模式,通过一系列活动促进了当地 7800 余名农村留守儿童的健康发展,促进了当地的教育质量、水平的提升;同时,作为高校实践育人培养路径的一个积极探索,"情暖童心"项目在实践中也增强了大学生的社会责任感、使命感,培养了创新精神,提升了实践本领和综合能力。

初次翻阅本书,让我即受触动。一所大学倡导发起的公益行动连续实施 10 年,服务受益留守儿童约达 7800 名。两个数字看似不大,这背后反映的却是一所大学、十年坚守、百场活动和万余师生的倾力付出,是一所大学服务社会、践行初心使命的真实写照,更是一所负责任的大学兑现"培养什么人""怎么培养人"的创新实践。

在这本书中,呈现了一群贫困山区的小朋友见到"山外来客"时的欣喜雀跃;在这本书中,描绘了一批批大学生志愿者在祖国需要的热土释放所学时的"劳动场景";在这本书中,可以找到高校深度服务乡村振兴的"华电密码"。读完全书产生了三点直观的感受。

这是一个大学,立足脱贫攻坚,精准助力贫困山区教育摆脱贫困的"鲜活案例"。党的十八大以来,我国的脱贫攻坚战进入了最后的冲刺时刻。正在此时,华北电力大学率先聚焦山区留守儿童教育发展问题,联合当地政府、企业等社会力量实施"情暖童心"行动,发挥大学在科学研究、人才培养等方面的智力和资源优势,调研先行、靶向施策,对顺平县乡村留守儿童开展了学业辅导、视野开拓和身心呵护的精准帮扶内容供给,帮助留守儿童健康成长、顺利成才。

这是一个大学,聚焦立德树人,引导大学生把青春华章写在祖国大地上的"实践课堂"。"培养什么人,怎样培养人"是高校的使命和责任所系,也是华北电力大学在长期的办学实践中持续探索回答的课题。突出思想引领、搭建实践平台,通过实施"情暖童心"行动引导青年大学生积极投身关爱留守儿童的实践,发挥专业所学,把青春华章写在祖国大地上;同时在服务地方社会、助力教育公平、奉献青春力量的实践课堂中进一步坚定理想信念,强化社会责任感,增强本领学识,成长为担当民族复兴大任的时代新人。

这是一个大学,锚定国家战略,发挥高校优势深度服务乡村振兴的"高校样本"。习近平总书记反复强调,"脱贫攻坚取得胜利后,要全面推进乡村振兴""巩固拓展脱贫攻坚成果同乡村振兴有效衔接"。在向乡村振兴转变的过程中,必须紧紧扭住教育这个脱贫致富的根本之策,让教育成为乡村振兴的"金钥匙"。华北电力大学实施的"情暖童心"关爱留守儿童精准教育帮扶行动效果日益彰显。伴随国家战略的调整,育人初心未改,行动仍在持续。希望这一行动在助力推动乡村教育发展,确保每一个乡村孩子接受公平、优质的教育,让每个孩子都有人生出彩的机会中发挥更大的作用,形成高校深度服务乡村振兴的"华电方案"。

本书即将付梓之际,衷心感谢为华北电力大学"情暖童心"关爱留守儿童精准教育帮扶行动以及本书撰写付出心血、辛劳的老师、同学,对长期关心、支持华北电力大学发展的社会各界人士、校友一并表示感谢!希望本书为高校实践育人路径创新、参与服务乡村振兴提供参考!

是为序。

"情暖童心"教育精准扶贫项目组

2023 年 4 月

第一章 "情暖童心"教育精准扶贫实践双向育人项目的确立及意义

华北电力大学一直致力于探索社会实践角度的高校育人创新路径。在时任党委书记倡导和支持下,依托保定校区组成项目团队,加强组织领导,统筹协调推进,规划设计了"情暖童心"教育精准扶贫实践双向育人项目。团队于2013年开始,立足于服务国家重大战略——农村地区脱贫攻坚,把教育扶贫作为切入点,选取了国家级贫困县顺平县为服务对象,施行了"情暖童心"教育精准扶贫实践双向育人项目。

第一节 项目确立的背景

一、响应脱贫攻坚国家战略的需要

2012年12月,习近平总书记深入全国扶贫开发重点县河北省阜平县考察扶贫开发工作,并在此吹响了全面决战决胜脱贫攻坚的冲锋号角。总书记强调:"全面建成小康社会,最艰巨最繁重的任务在农村、特别是在贫困地区。没有农村的小康,特别是没有贫困地区的小康,就没有全面建成小康社会。"[①]打赢脱贫攻坚战,是全面建成小康社会、实现第一个百年奋斗目标的重要内容。

其中,农村留守儿童关爱服务,成为脱贫攻坚的一项重点工作。随着我国经济社会发展和工业化、城镇化进程推进,农村劳动力为改善家庭经济状况、寻求更好发展,走出家乡务工、创业,有的家长选择将未成年子女留在家乡交由他人监护照料,导致大量农村留守儿童出现。全国妇联于2014年发布了

---

① 习近平:《在河北省阜平县考察扶贫开发工作时的讲话》,《新长征》2021年第3期。

《我国农村留守儿童状况研究报告》，该报告根据我国 2010 年第六次人口普查资料样本数据，推算出全国有农村留守儿童 6102.55 万，占农村儿童的 37.7%，占全国儿童的 21.88%。农村留守儿童和其他儿童一样是祖国的未来和希望，做好农村留守儿童关爱保护工作，关系到未成年人健康成长，关系到家庭幸福与社会和谐，关系到全面建成小康社会大局。

脱贫攻坚基本目标"两不愁、三保障"中明确提出了教育保障的要求，可以说打赢脱贫攻坚战的关键环节之一就是要取得教育脱贫攻坚的胜利。"扶贫先扶智，治贫先治愚"，在贫困地区进行教育扶贫，发展公平而有质量的教育是阻断贫困代际传递的治本之策，也是夯实脱贫攻坚根基的必然之策。如果说扶贫的核心是"富口袋"、扶贫的根本靠"富脑袋"，那么教育扶贫则直指贫困落后的"病根子"，牵住脱贫致富的"牛鼻子"，是解决"人的素质先脱贫"问题、实现长远脱贫和彻底脱贫的关键。

处于贫困地区的大量农村留守儿童，则是教育脱贫中需要重点关注的群体。面对留守儿童教育脱贫问题，高校具有天然优势与责任使命，既有人才荟萃、智力密集、文化传承、科技创新等天然优势，又有服务国家战略、服务经济社会发展的责任使命。高校作为大扶贫格局的重要力量，要在教育精准扶贫中发挥突出作用，一方面要充分依托科技、资源等优势，帮助发展农村经济，充实贫困地区群众的"口袋"；另一方面还要充分依托人才、智力等优势，积极支持农村教育，让知识充盈贫困地区群众的"脑袋"。正是基于以上背景认知，"情暖童心"教育精准扶贫实践双向育人项目应运而生，通过关爱服务顺平县贫困山区农村留守儿童，积极服务脱贫攻坚国家战略。

二、践行办一所负责任大学理念的需要

高等教育是一个国家发展水平和发展潜力的重要标志。习近平总书记曾多次强调，高等教育发展方向要同我国发展的现实目标和未来方向紧密联系在一起。高校必须坚持社会主义办学方向，践行"四个服务"办学根本，即为人民服务，为中国共产党治国理政服务，为巩固和发展中国特色社会主义制度服务，为改革开放和社会主义现代化建设服务。

长期以来，华北电力大学秉承"办一所负责任的大学"理念，充分发挥自身优势，着力解决经济建设和社会发展中的重大问题，在新时代中国特色社会主义的新征程中体现出大学的应有价值。"情暖童心"项目从设计到实施，始终坚持对国家负责、对社会负责、对学生负责的理念,积极开展农村留守儿童关爱保护工作,为广大农村留守儿童健康成长创造更好的环境,为广大青年学生成长成才搭建更广阔的平台。

"情暖童心"项目致力于服务国家和社会发展需要,主动融入教育精准扶贫国家战略,自觉履行对国家和社会负责的时代使命。项目聚焦顺平县农村留守儿童的总体状况、实际问题和现实需求,积极构建高校、政府、企业"三位一体"的农村留守儿童关爱保护工作格局,加强顶层设计,坚持统筹协调,优化运行机制,打造关爱服务阵地,开展长期教育帮扶,确保顺平县农村留守儿童健康成长,提高当地的教育质量与教育水平,推动当地经济发展与和谐社会建设。

"情暖童心"项目致力于服务青年学生成长成才,引导青年学生积极投身教育精准实践,是学校实践育人培养模式的一个积极探索。项目引导青年学生深入顺平县开展专项调研和实地走访,深入了解国情社情民情,不断增强青年学生的社会责任感与使命感。项目引导青年学生将专业所学应用于服务实践,培养青年学生发现问题、提出问题、分析问题和解决问题的能力,不断增强青年学生的创新精神和实践能力。项目以社会实践团队为基本单位,团队成员之间相互协作、相互关心,共同面对现实困难,一起商讨解决策略,不断增强青年学生的团队协作能力和凝聚力。

三、创新高校立德树人路径的需要

教育是国之大计、党之大计,高校作为人才培养的主阵地,自然要肩负起为党育人、为国育才的使命,培养德智体美劳全面发展的社会主义建设者和接班人。党的十八大报告首次将"立德树人"确立为教育的根本任务,党的十九大报告进一步指出,要"落实立德树人根本任务",这是国家层面对于"教育要立什么德、树什么人"这一根本问题的思考。

立德树人是党一直以来的方针政策,是高校一直以来的使命担当。高校要培养的社会主义建设者和接班人,必须具有高远志向,牢固树立共产主义远大理想和中国特色社会主义共同理想;必须具有爱国情怀,牢固树立服务国家、造福人民的思想;必须具有大爱大德大情怀,牢固树立立德为先、修身为本的成长逻辑。

高校立身之本在于立德树人,"立德"是途径,"树人"是目的。"立德"要求培养学生立个人之德,还要立国家和社会之德,从此角度来看,培养学生将社会主义核心价值观内化为个人之德,将大德内化为大学生的思想品德,是"立德树人"基本路径。"大德"是崇高的理想信念、是正确的政治方向、是以中华民族伟大复兴的中国梦为己任而实现全面发展的意识和行动。基于"立德树人"的多层次内涵,在用好课堂主渠道、创新思政课形式、推进课程思政的基础上,更要充分挖掘寓教于乐、切身体验的实践途径,让学生在亲身感悟中内化"大德"。

"情暖童心"项目正是华北电力大学落实"立德树人"根本任务与创新实践育人路径的一个有益探索。"情暖童心"项目有针对性地安排青年学生走入田间地头了解社情民意,而了解社情民意是青年学生感悟、认同、信服马克思主义理论中国化的起点,在思政课堂以及专业课堂中所学到的党和国家的大政方针政策,在调研走访的实践中亲身感受其正确性,与所学理论知识相互印证产生强烈的认同感,同时总结方针政策的落实程度以及实施方面存在的困难和不足之处,此便是青年学生通过自身行动来助力之处,亦是可以运用专业知识服务人民、社会、国家的切入点。在该过程中大学生看到了人民群众的需求并付诸行动,会产生一种被需要感,在服务过程中得到受助者的积极回应和认同,会产生一种成就感,服务实践满足了学生的情感归属、获得尊重及自我实现的需要,这种归属感与成就感成为促使他们以强烈的责任感和使命感坚持投身于服务实践的催化剂。

第二节 项目对象的明确

河北省顺平县位于河北省西部,保定市西郊,地处太行山东麓,洪积冲积扇平原中部,地势西北高东南低,境内多山与丘陵。2012年,国务院扶贫开发领导小组办公室发布了"国家扶贫开发工作重点县名单",将河北省顺平县纳入集中连片特殊困难地区范围内的国家扶贫开发工作重点县。"情暖童心"项目团队在全面梳理考察了保定下辖的贫困县之后,选取了顺平县作为项目实施地点,其主要的原因有如下几个方面:

第一,顺平县拥有数量众多的项目服务对象。2013年,在项目启动之初,针对项目要求,通过对实施对象进行认真摸排和梳理发现,保定下辖的贫困县中顺平县农村各类需要帮扶的留守儿童群体规模庞大——多达7895人,其中留守儿童5498人、贫困儿童2241人、残疾儿童156人。相比较保定的其他县,当时的顺平县因其留守儿童群体的特殊情况而显得更为紧迫,具有教育扶贫的典型性。

第二,当年顺平县所拥有的教育资源不能满足留守儿童的发展需求。2013年顺平县是保定市国家级贫困县之一,许多贫困农村地区教育条件匮乏:一是学校的硬件设施设备较为欠缺。调研中发现顺平县许多贫困地区农村学校缺少公共操场、教室、桌椅等设施设备;二是贫困农村地区学校的师资力量不足。许多学校的老师都兼任多科老师,同时给多个年级上课,一方面,授课教师的知识水准有待提高、教学方法与理念有待强化,另一方面,老师放在学生身上的精力与时间十分有限;三是农村贫困地区的经济条件落后,社会力量帮扶较少。调研中发现农村地区学校极少得到社会力量的关注,能够获得的资助也十分有限。总体而言,顺平县留守儿童教育支持力量不足,亟须予以强化。

第三,顺平县地理位置有利于项目的开展。顺平县和保定有地理位置上的距离优势。顺平县与保定西郊相邻,从华北电力大学驱车到顺平县各乡镇基本都在一个小时左右。便利的地理条件,可以为华电师生"走出去"——去到顺平县各乡镇提供服务而提供便利。与此同时,顺平县的贫困乡镇的师生也能较为方便"引进来"——来到华北电力大学进行交流、培训等各项活动。

第四,顺平县党政班子对项目的大力支持。顺平县党政部门在了解到华北电力大学积极投身教育脱贫工作规划思路后,主动与华电项目团队进行了对接,表达了让项目落地顺平县并给予组织资源方面积极支持的强烈意愿。经过接洽,在短时间内由顺平县主要领导牵头,协同县人大、县委宣传部、民政局、总工会、妇联、团委、教育局等政府部门及顺平县爱心协会等社会组织,联合成立了顺平县关爱农村留守儿童"情暖童心"行动领导小组。领导小组下设办公室,负责总体策划、组织实施资金筹募、开展活动、对外联系、督促落实等工作。办公地点设在顺平县青少年活动中心。为保证与学校沟通的顺畅,还制定了固定周期的联席会议制度、分工负责制度、对口对接联系制度、信息总结反馈制度、考核评价制度、例会制度等。这些组织机构和沟通机制的建立,为项目落地顺平县提供了强大的组织资源保障。

第五,顺平县当地留守儿童学生家长对项目的热切期盼。前期调研中了解到,顺平县数量庞大的农村留守儿童父母长期在外务工,导致农村留守儿童在成长阶段缺少必要的监护,而在这一阶段农村留守儿童心智尚未成熟,缺乏正确的引导,致使处于成长阶段的他们在教育、心理健康、行为交往、安全等方面出现了各种各样的问题。家长们迫于经济压力长期出门在外,对留守孩子教育问题有心无力,殷切期盼有新的途径、新的力量的加入来帮助教育留守的孩子们。在前期的问卷调查中发现,顺平县的家长在这方面的意愿显得尤为突出,在调查过程中许多家长表达了对项目落地顺平县的期盼。有了良好的家长基础,也更有利于项目的顺利开展。

正是基于上述五个方面的考量,"情暖童心"项目团队最终将项目实施地点落在河北省顺平县。项目顺利开展实施后的良好效果,也再次证明团队当年选择实施地点的正确性。

第三节 项目的意义

一、有利于参与项目大学生的全面发展

在整个"情暖童心"项目中大学生是最重要的参与者,他们在项目运行过程中能够积极投身到公益实践,奉献自己的时间、精力、智慧和爱心。不仅参与其中的大学生获得全面的成长,高校也在项目运行中取得了良好的育人成效。

第一,项目有利于增强大学生的社会责任感和报国热情。"情暖童心"项目开展过程中的基层调研、全面摸排等实践活动,能够使大学生深刻认识到国情社情民情,深知自己肩上的重任,增强服务社会、贡献社会的责任感。同时,在项目实施过程中获得的成就感可以促使他们主动利用所学,尽己所能,以强烈的使命感和责任感去服务国家、服务社会。

第二,项目有利于提升大学生的专业能力和综合素质。华北电力大学在"情暖童心"项目运行过程中注重协调不同专业学生,促使各院系的学生能够发挥自身专业优势,有重点地解决教育扶贫中存在的各种问题,应用和巩固所学知识。参与项目过程中学生不断提升自我管理能力、沟通表达能力、分析和解决问题能力等综合素质。回到学校后,学生会将这种已养成的良好习惯不断地强化,并在日常生活中促使其他大学生群体不断规范自身的行为,在学校

产生了良好影响。

第三,项目有利于推动大学生科技成果转化和增强创新创业活力。"情暖童心"项目充分将学校学科优势、学生专业特长、社会需求相结合,积极推动学生的知识创新和技术创新以及成果的转化应用,极大地激发学生的创新创业兴趣,提高学生的创新创业能力。

第四,项目有利于带动广大学生依托专业建设家乡与服务社会。通过"情暖童心"行动,大学生看到了家乡的需要、国家的需要和民族的需要后,会利用所学,尽己所能,以强烈的使命感和责任感去服务国家、社会和家乡,他们用实践放飞当代大学生的青春梦,用实际行动践行爱国情、强国志、报国行,诠释社会主义核心价值观中爱国爱家的深厚内涵。

二、有利于服务对象"志智双扶"全面成长

项目以"扶志+扶智"为工作重点,帮扶行动对于服务对象的成长影响巨大。项目通过双向育人功能的设计,能够有力促进服务对象的全面发展与成长,具体表现在:

第一,有利于留守儿童开拓视野和增长见识。调研中项目团队发现,一方面,经济条件的落后、教育资源的匮乏,限制了留守儿童对外面世界的认识与认知,进而限制了孩子们的视野;另一方面,在校大学生具备各类知识与见识,在社会认知方面具有先进的理念。项目开展过程中依托大学生志愿者自身的优势,主动与留守儿童沟通交流帮扶,通过知识的传递、理念的沟通、视野的展示,能够大大拓宽留守孩子眼界、增长孩子见识,构筑留守儿童对未来美好的梦想。

第二,有利于留守儿童增强信心和树立长远志向。在双向育人项目设计过程中发现:一方面贫困地区的留守儿童受限于现有条件,缺乏对知识的重视,并不能真正体会"知识改变命运"的意义。环境对人的影响巨大,贫困地区孩子缺少对外面世界的认知,进而会影响他们对自己前途和未来的设计与规划;另一方面,在校大学生志愿者中有许多励志发奋成功的典型,他们虽然出身贫寒,但通过自身努力奋斗取得了骄人的成绩。通过"情暖童心"项目,两个群体紧密联系,让志愿者励志向上的精神鼓励留守儿童不断奋进,使他们认识到:外面世界很精彩,有能力、有本事的人一定能够实现自己的理想。志愿者与留守儿童的互动有利于帮助留守的孩子们重塑人生理想,立志成长成

才,为其扬梦想之帆,真正发挥教育扶贫作用。

第三,有利于留守儿童健全身心和完善人格。由于缺乏父母的陪伴,部分留守儿童在不同程度上存在性格缺陷和心理障碍,如孤僻冷淡、情绪不稳定、自卑拘谨、自信不足、紧张焦虑、心神不定等;另外,由于祖辈监护人对孩子溺爱、纵容,许多留守儿童存在自控力差、交往困难等特点。这些因素都会对留守儿童的身心造成负面影响,人格塑造也会遇到巨大障碍。通过志愿者群体运用社会工作专业知识帮扶、心理咨询帮扶,从一定程度上帮助留守儿童脱离困境,进而健全身心、完善人格。

第四,有利于留守儿童学习知识和增长本领。贫困农村地区因各种客观条件的限制,导致师资力量匮乏,进而导致留守儿童在学习方面的方法、思路落后,知识丰富程度欠缺,一旦输在义务教育阶段起跑线上,后面的教育各环节都会受到影响。没有掌握过硬知识本领的孩子未来的社会之旅必然分外艰辛,而项目中的支教助学帮扶正是帮助孩子们掌握新的学习方法与思维、丰富知识结构的良方之一。

三、有利于探索建构可持续的双向育人模式

长期以来,"情暖童心"项目一直致力于探索建构可持续的双向育人模式。这种双向育人模式的可持续性特点体现在如下几个方面:

第一,项目对于贫困地区留守儿童全面长期帮扶的可持续。项目在确立之初,就致力于在长期过程中对留守儿童身心、智力进行全方位帮扶,并且持续跟进留守儿童的发展情况,不间断开展关爱服务行动,助力留守儿童健康成长。项目克服了在有些地区出现的缺乏长远规划设计的一次性物质捐助、一次性爱心服务活动的弊端,不仅能够促进服务对象的全面发展,更能够发挥长期效应持续性促进帮扶对象身心进步。

第二,项目对在校大学生实现育人功能长效发挥的可持续。高校在建立规范化的帮扶机制之后,与多主体通力合作,依托校内规范化的组织力量,选派大学生志愿者赴顺平县开展教育精准扶贫实践行动,确保项目实现育人功能可持续的发挥。

第三,项目构建的学校、政府、企业组织协同联动机制的可持续。项目构建起高校、政府、企业"三位一体"的工作格局,建立健全三方协作机制及各项政策制度,有效保证了各类主体帮扶信息能够全面沟通、各类型帮扶行为能够

全面协同。

第四,项目致力于爱心企业的全面战略参与、保证对留守儿童帮扶的可持续。华北电力大学依托校友资源,全面对接企业资源,深入参与到项目当中。积极吸引企业到顺平县洽谈合作,为留守儿童父母回乡就业提供更多的机会,在助力解决家庭经济问题的同时,为孩子们营造一个良好的家庭环境,共同助力孩子的成长发展。通过项目的引入与工作的保障,充分调动贫困群众的积极性和主动性,发挥主体意识和自力更生精神创富致富,真正实现自我造血,进而探索构建可持续发展式扶贫模式。

第二章　"情暖童心"教育精准扶贫实践双向育人项目的设计与实施

"情暖童心"项目是立足于脱贫攻坚的战略背景,联合顺平县人民政府和社会爱心企业发起的教育精准扶贫实践行动。长期以来,按照"分类组织、项目管理、实施到位、重在长效"的总体要求,构建了高校、政府、企业"三位一体"的工作格局,实际工作中坚持"五个结合"的工作思路,即:"扶贫与扶智、扶志相结合,按需服务与引导性服务相结合,日常服务与集中性服务相结合,直接服务与间接服务相结合,服务学生和培训家长相结合",以实现农村留守儿童和大学生双向受益、共同成长。

第一节　谋篇布局起好步

农村留守儿童和其他儿童一样是祖国的未来和希望,需要全社会的共同关心。加强农村留守儿童关爱保护工作,是全社会的共同责任,要动员和凝聚全社会力量广泛参与。为保障"情暖童心"项目的顺利实施,华北电力大学积极联系顺平县人民政府和社会爱心企业,制定并通过了《关爱贫困山区农村留守儿童"情暖童心"行动实施方案》,构建起高校、政府、企业"三位一体"的工作格局,建立组织机构、明确职责分工、确立协同机制,以实现三方各司其职、统筹协调、共同作用,形成关爱农村留守儿童的强大合力。

一、构建项目"三位一体"的工作格局

华北电力大学、顺平县人民政府、社会爱心协会联合成立关爱农村留守儿童"情暖童心"行动领导小组,研究部署顺平县关爱农村留守儿童工作。领导小组设立综合办公室,整合高校、政府和企业的资源,构成三者之间的组织基础,实现高校、政府、企业关爱农村留守儿童活动组织间的高效运转。综合办

公室下设三方办公室,负责具体策划、组织实施、资金筹募、开展活动、对外联系、督促落实等工作,如图2-1。

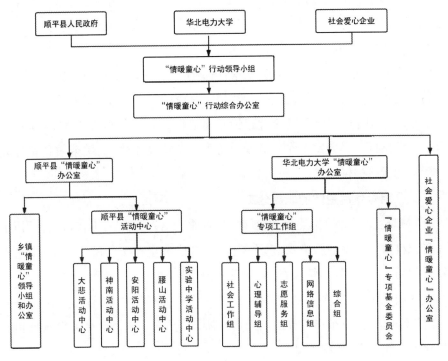

图2-1　"情暖童心"项目"三位一体"工作格局

在学校方面,"情暖童心"办公室下设"情暖童心"专项基金委员会和"情暖童心"专项工作组,组长由相关部门主要负责人担任,使得相关工作能够更好部署,多主体之间的协同联动得以初步实现。"情暖童心"专项工作组包括"社会工作组""心理辅导组""志愿服务组""网络信息组"和"综合组"五个工作组,从学校基金会、校友会、学生处、校团委、网络与信息化办公室(前身为网络管理中心)、法政系、马克思主义学院(前身为思想政治理论课教学部)等单位抽调有关人员组成专项工作组,以便系统开展教育、培训、关爱和帮扶等工作。

在政府方面,顺平县各乡镇成立"情暖童心"行动领导小组和办公室,各乡镇长担任组织负责人,各乡镇中学或小学总校的校长担任办公室主任,负责各乡镇"情暖童心"行动的策划、组织、联系及监督等工作。同时,成立顺平县

"情暖童心"活动中心,办公地点设在顺平县青少年活动中心,下设五个分中心,办公地点分别在大悲、神南、安阳、腰山和实验中学。分中心所在中学的校长担任活动中心的负责人,各活动中心的工作人员由所在学校的教师和学生志愿者共同组成。活动中心负责各项培训及各种关爱活动的场地提供、人员组织以及相关活动的具体实施。

在企业方面,顺平县润泰肠衣、银祥棉业、顺兴房产等社会爱心企业,自觉履行社会责任,积极投入关爱农村留守儿童公益事业,联合设置社会爱心企业"情暖童心"办公室,与政府、高校"情暖童心"办公室沟通,受"情暖童心"综合办公室指挥。办公室工作人员专门负责相关协调工作,为关爱农村留守儿童活动的运行提供保障。

二、明确项目主体的职责分工

"情暖童心"项目构建起高校、政府、企业"三位一体"的工作格局,开拓了关爱农村留守儿童的新模式,它给予大学、政府和企业全新的定位,赋予它们特有的功能和作用。"情暖童心"项目充分发挥政府的政策和组织优势,高校的人才和文化优势,企业的资本优势,坚持"一盘棋"的工作理念,在任务分工、信息共享、工作布点等方面加强沟通协调,形成三种力量交叉影响且相互依存的组织关系,如图2-2。

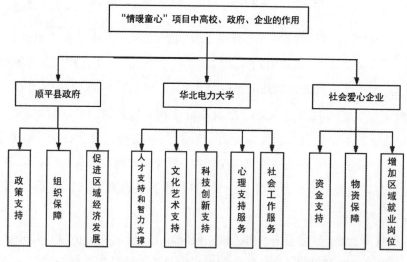

图2-2 高校、政府、企业在"情暖童心"项目中的作用架构图

华北电力大学充分发挥在人才培养、科学研究和文化传承创新等方面的优势,为"情暖童心"项目的实施提供支持和服务。主要表现为:一是强化人才支持和智力支撑,组织专家学者、师生志愿者深入顺平县贫困地区开展调查研究和教育帮扶,为开展关爱顺平县农村留守儿童工作提供理论支撑与决策咨询,助力提升顺平县贫困地区基础教育质量。二是加强文化艺术支持,为对接的顺平县中小学校带去先进的教育理念和手段,提升学校建设内涵、文化品位和艺术熏陶,继承创新顺平县优秀传统乡土文化。三是加大科技创新支持,发挥学科优势,积极探索科技成果推广转化途径,探索"互联网+"条件下教育扶贫的新形式,在延伸产业链、发展新型业态等方面提供技术支持,促进科研、教育、技术推广深度融合。四是提供心理支持服务,面向顺平县中小学教师开展心理健康教育知识和专项技能培训,为留守儿童提供心理咨询与辅导服务,培养健全的人格和良好的个性心理品质。五是开展社会工作服务,以顺平县农村留守儿童的生存需求、关系需求、成长需求等为导向,针对性地设计和开展安全和普法宣传教育、行为矫正、法律援助等服务,增强留守儿童发展自我的能力,维护其生命健康安全和合法权益。

顺平县人民政府充分认识到做好农村留守儿童关爱保护工作的重要意义,积极发挥政策优势和组织保障,把实施"情暖童心"项目作为重要工作内容。主要表现在:一是加大政策支持,为高校提供政策支持与引导,同时为社会爱心企业提供政策支持、优惠税收以及品牌形象宣传。二是强化组织保障,健全农村留守儿童关爱服务体系和救助保护机制,切实保障农村留守儿童合法权益。三是做好长远规划,促进当地经济快速发展,引导扶持农民工返乡创业就业,为农民工家庭提供更多帮扶支持,从根本上解决儿童留守问题。

社会爱心企业积极履行社会责任,充分发挥资本优势和提供物资保障,加强顺平县贫困农村留守儿童及其家庭救助帮扶。主要表现在:一方面,提供资金支持和物资保障,通过慈善捐赠、一对一帮扶等多种方式,做好农村留守儿童关爱服务的经费保障。另一方面,有针对性地增加就业岗位,为更多的农民工创造就地、就近就业机会,解决留守儿童父母的就业问题。

三、确立项目的协同管理模式

高校、政府、企业三者之间协同管理水平、质量和效益,决定了"情暖童心"项目能否顺利有效地实施。在共同参与的过程中,华北电力大学、顺平县人民政府、社会爱心企业需要对"情暖童心"项目进行系统管理,做好关系、组织、信息、资源、制度以及外部因素的协同管理,如图 2-3。

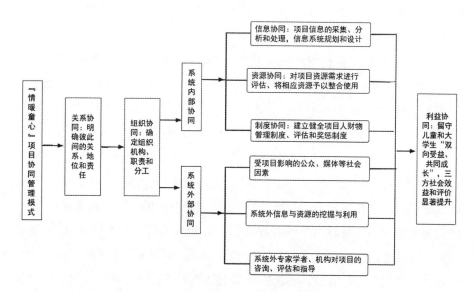

图 2-3 "情暖童心"项目的协同管理模式框架

首先,关系协同是"情暖童心"项目实施的前提。根据"情暖童心"项目的设计特点、现实需求、发展目标等因素,必须明确大学、政府、企业彼此间的关系、地位和责任。在此基础上,通过设立领导小组、综合办公室等组织机构,在组织内部进行协同管理,确定机构职责和分工,保证项目高效有序实施。

在系统内部协同方面,坚持信息协同,"情暖童心"项目通过采用信息技术和手段,建立相应的数据库及网络平台,对项目相关各类信息进行采集、分析和处理,建立信息协同流程机制,加强大学、政府、企业三者之间的信息沟通,实现信息价值发挥最大化。坚持资源协同,对农村留守儿童资源需求规模及资源供给量进行评估,建立相应的资源评估整合机制,充分统筹协同大学、政府、企业三者的资源,实现资源的合理配置和有效利用。坚持制度协同,健全人事管理制度,通过配备专门工作人员,专人专岗进行专业化管理;规范资金管理制度,建立关爱农村留守儿童专项基金委员会,做到资助的专款专用;建立评估和奖惩制度,对项目开展情况及成效进行评估,强化评价结果的综合运用,奖励先进,鞭策落后,充分调动各方人员参与项目的积极性。

在系统外部协同方面,"情暖童心"项目的实施与区域、社会、民众等因素息息相关,甚至直接关乎成效、利益和发展。因此,为保证"情暖童心"项目的顺利推进,系统外部协调就必不可少。一是要关注媒体和公众的反应,加强沟通与交流,重视正面宣传和引导;二是要从实际出发,积极寻求系统外部资源的广泛支持,多渠道争取社会各界的帮助;三是积极邀请相关领域的专家学者和权威机构进行咨询评估,并就项目的实施、管理乃至成果和前景等多方面进行科学指导。

最后,在利益协同方面,关爱农村留守儿童性质本身决定了"情暖童心"项目的公益性。项目在实施过程中,始终坚持农村留守儿童和大学生"双向受益、共同成长"的宗旨和理念,最大限度地让农村留守儿童得到关爱保护,最大限度地让大学生在实践中成长成才。同时,大学、政府、企业在项目实施过程中,无疑会获得极好的社会评价,产生极大的社会效益,进一步提升综合竞争力和社会影响力。

第二节　调研走访察详情

"情暖童心"项目通过广泛调研、实地走访、座谈交流、个别访谈等形式,全面清晰地掌握顺平县农村留守儿童数量规模、分布区域、结构状况、教育就学等基本信息,了解掌握留守儿童生活照料情况、父母外出务工情况等,建立顺平县农村留守儿童信息库及动态管理系统,为细化完善关爱保护政策措施、因人因时因地开展教育帮扶行动提供基础数据支持,进而提高顺平县农村留守儿童关爱保护工作的实效。

一、广泛调研摸清底数

摸清留守儿童底数,是解决留守儿童问题的前提,是实现精准帮扶的依据。华北电力大学联合顺平县政府、教育局成立专项调研团队,对顺平县全县28所中小学开展了留守儿童摸排和信息采集工作。摸排信息主要包括留守儿童基本情况(基本信息、扩展信息、上学情况、留守情况等),父母基本情况(基本信息、外出务工情况等),监护人或委托监护人基本情况(基本信息、与被监护人关系、生活照料情况等),如图2-4。

在历时一个多月的广泛调研中,专项调研团队以顺平县中小学校为单位,进行了详细调查摸底,全面清晰地掌握了顺平县农村留守儿童、贫困儿童、残

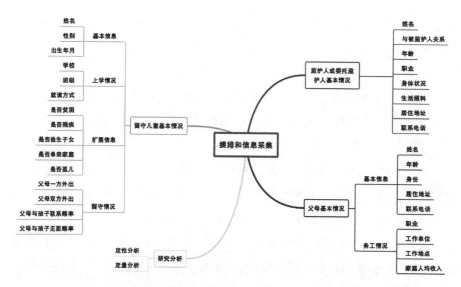

图2-4 顺平县农村留守、贫困、残疾儿童摸排信息框架图

疾儿童的总体情况和分布结构。根据统计分析,顺平县单纯留守儿童共5498
人,贫困儿童2151人,残疾儿童156人,共计7805人,如图2-5。

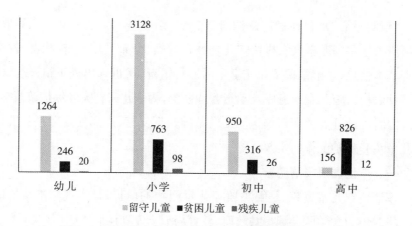

图2-5 顺平县农村留守、贫困、残疾儿童结构分布情况

  其中,以顺平县腰山镇小学总校的留守、贫困、残疾儿童基本情况为例,予
以研究分析。根据数据统计分析,腰山总校共有留守、贫困、残疾儿童462人,
其中留守儿童230人,占49.78%;贫困儿童228人,占49.35%;残疾儿童4
人,占0.87%。其中,与父母一方分离并留守的儿童为169人,占留守儿童总
数的71.61%;与父母双方分离并留守的儿童为61人,占留守儿童总数的

25.85%,如图2-6。

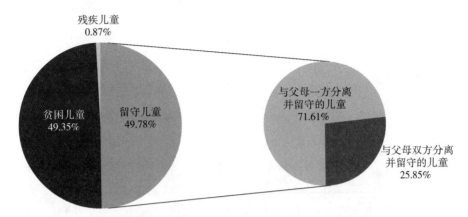

图2-6 腰山总校留守、贫困、残疾儿童的结构分布情况

图2-7显示,按性别划分,留守女生数量略多于男生,其中男生219人,占47.4%,女生243人,占52.6%。留守女生是农村留守儿童中较为特殊的群体,也是更为弱势的群体,其成长过程中需要更多的关照和更柔性的管理。

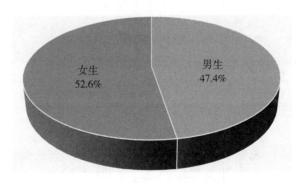

图2-7 腰山总校留守、贫困、残疾儿童的性别分布情况

图2-8显示,按所在的年级划分,幼儿园有103人,占22.29%,一年级有65人,占14.07%;二年级有54人,占11.69%;三年级有66人,占14.29%;四年级有58人,占12.56%;五年级有72人,占15.58%;六年级有44人,占9.52%。幼儿园和小学的留守儿童年龄偏小,更渴望父母的呵护和陪伴,在项目实施过程中更需要重点关注与有效引导。

部分家庭由于经济原因,留守儿童父母外出打工挣钱养家,其中,有一半以上的父母选择去往北京、江苏、天津、上海等经济发达的省市打工,还有近三

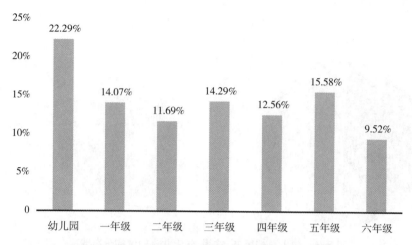

图 2-8　腰山总校留守、贫困、残疾儿童的年级分布情况

成的父母选择在临近的保定、石家庄等省内城市打工。图 2-9 显示,按家庭月收入划分,1000 元以下的有 160 人,占 34.64%,1000—2000 元的有 182 人,占 39.39%;2000—3000 元的有 44 人,占 9.52%;3000 元以上的有 76 人,占 16.45%。

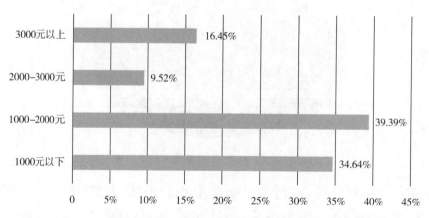

图 2-9　腰山总校留守、贫困、残疾儿童的家庭月收入分布情况

图 2-10 显示,按照监护人身份划分,有 64.78% 的留守儿童是与妈妈一起生活;有 26.09% 的留守儿童是与祖父母或外祖父母一起生活;与爸爸一起生活的留守儿童占比为 7.53%;还有 1.60% 的留守儿童是与亲戚、父母的朋友一起居住生活。走访调研中发现,祖父母或外祖父母基本只能照顾留守儿童

的日常生活起居,很少或很难进行学习辅导、安全教育与日常引导。所以需要强化照护责任,保护留守儿童的健康成长和安全无忧。

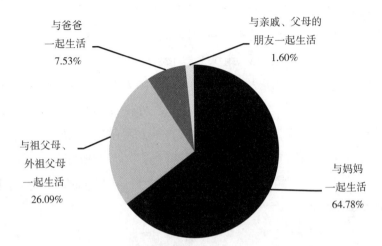

图 2-10 腰山总校留守儿童的照护人分布情况

留守儿童的父母不仅要足额保障子女的生活、教育、医疗等相关费用,还要保持经常性地联系交流,结合自身情况对其进行合理管教。图 2-11 显示,留守儿童家长和孩子联系交流频次,每天一次的占 4.35%,每周 1—2 次的占 31.30%,每月 1—2 次的占 36.09%,半年 1—2 次的占 12.17%,一年 1—2 次的占 8.26%,其他占 7.83%。渴望得到关心和爱护,是每个留守儿童内心深处的普遍愿望和强烈需求。

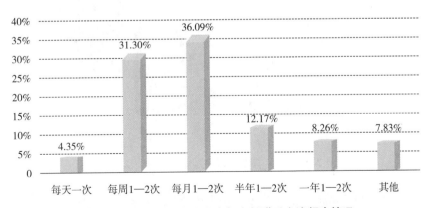

图 2-11 腰山总校留守儿童与家长联系交流频次情况

二、走村入户精准归类

留守儿童不是一个抽象的群体,而是由一个个鲜活的个体组成,每个孩子都有着独特的年龄特性、个性特征和多样需求。关爱留守儿童不能笼而统之,而应该在"精准"上下更多功夫。在前期摸排和统计信息的基础上,"情暖童心"项目又成立专项实践团队,组织大学生走村入户,深入留守儿童家中进行家访调研,通过与留守儿童及其父、母、委托监护人面对面地沟通交流,详细了解留守儿童的家庭情况、学习状况、生活环境、性格特点等,分析探究留守儿童在思想道德、学习习惯、心理健康、行为交往等方面存在的问题及产生的原因。"情暖童心"项目以摸底排查为基础,坚持问题导向,对留守儿童群体予以精准分类,把握不同类型留守儿童的成长需求,为后期的精准帮扶工作打下坚实的基础,如图 2-12。

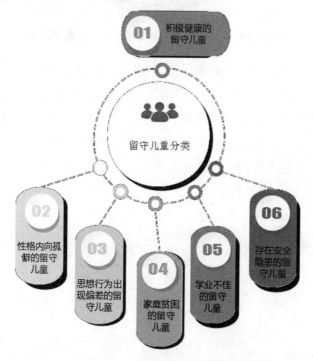

图 2-12 顺平县农村留守儿童精准分类结构图

第一类:积极健康的留守儿童。在走访调研中发现,顺平县留守儿童总体上形成了比较积极的价值观,对未来怀有希望,向往城市生活,家庭关系良好。他们希望通过参与"情暖童心"项目可以学到更多的知识,拓宽视野、开阔思路、练就本领,进一步提高自己的综合素质和能力。

第二类:性格内向孤僻的留守儿童。由于缺乏父母的陪伴和亲情的滋润,导致部分留守儿童存在不同程度的性格缺陷和心理障碍,如孤僻冷淡、自卑拘谨、自信不足,容易紧张焦虑、心神不定,心理脆弱失衡、情绪不稳定、冲动易怒等。走访调研的过程中,一位留守儿童向大学生志愿者吐露心声:"其实我也很想倾诉,却又不知道对谁说、从何说起,最终的最终是什么也不说出⋯⋯"部分留守儿童长期处于自我封闭的状态,容易产生严重的心理问题,甚至发生极端行为。顺平县大悲中学的一名班主任介绍他班里有心理问题的留守儿童:"该同学近期表现有些异常,如不进教室听课、多次服用过期药品、手握玻璃向其他同学示威等。"给予他们心灵上的关爱、精神上的引领,让留守儿童更有安全感和归属感,是"情暖童心"项目想要达到的成效之一。

第三类:思想行为出现偏差的留守儿童。留守儿童正值人格、品行的关键塑造期,但由于父母双方或一方的缺位,祖辈无法给予正确的教导,导致部分留守儿童在思想品行上出现偏差。"我们班的留守孩子存在两个极端,一部分是特别乖巧懂事的,他们很早就体会到生活的不容易,学习认真,也懂得帮家里分担;一部分则特别调皮捣蛋,一直长不大的样子,总爱跟老师作对,他们一般跟着老人长大,没人管,在行为举止方面不太好。"顺平县实验中学一名老师这样说道。另外,部分留守儿童家长存在"以钱补情"的认知偏差,使孩子花钱无节制、拜金的行为出现,也是孩子不肯吃苦、不思进取等不良行为习惯的重要诱因之一。一位留守儿童的奶奶告诉大学生志愿者:"孩子不帮家里干点儿活,见人家有啥东西都闹着要,不买还不行,我没办法就只能答应⋯⋯"关照留守儿童的思想动态,加强思想品德教育,对不良行为习惯予以矫正,引导留守儿童树立正确的世界观、人生观和价值观,成为"情暖童心"项目实施的一个重要内容。

第四类:家庭贫困的留守儿童。根据摸排信息数据统计,顺平县家庭经济困难学生占到总数的 27.5%。一般情况下,他们父母收入水平较低,家庭生活负担较重,日常生活比较拮据。大学生志愿者在走访调研中,了解到顺平县蒲上镇马家庄一名贫困儿童的家庭情况:"从小父母双亡,姥爷已去世 8 年,一直与 60 多岁的姥姥相依为命,因无处可去,至今仍住在外出打工的舅舅家。平常的学费和生活费主要来源于政府补贴的孤儿费,一季度只有 600 元。除此之外,姥姥仅凭一亩多地和家里养的两只羊糊口,日常开支都依靠这些,日子过得十分拮据。""情暖童心"项目通过组织开展物质帮扶、爱心捐赠、捐资助学等行动,为贫困留守儿童创造良好的物质生活环境和条件。

第五类:学业不佳的留守儿童。留守儿童多在祖辈或其他亲属的监护下成长,照料也仅局限于吃饱穿暖之类的浅层关怀,在学业上往往缺乏启蒙教育和监督辅导,致使部分留守儿童没有养成良好的学习习惯、学习兴趣,有的甚至产生厌学情绪。一位留守儿童讲述自己厌学的形成过程,"我的数学成绩不好,很少得到数学老师的表扬,每次数学考试后心情就更郁闷,就越来越不喜欢学习数学……"。开展学业帮扶活动,引导留守儿童转变学习态度,激发学习热情,是"情暖童心"项目的应有之义、应尽职责。

第六类:存在安全隐患的留守儿童。留守儿童由于父母监护缺位,溺水、交通等意外伤害事故,拐卖、性侵等人为伤害事件时有发生,人体健康和生命安全存在隐患。从顺平县相关部门获悉,近年来查处的儿童受害案件、援助案件中,留守儿童受侵害案件占有相当大的比例,留守儿童的安全教育亟待加强。"情暖童心"项目通过强化安全教育,提供维权服务,努力保护留守儿童的生命健康和合法权益。

三、建构动态信息管理系统

为切实推进教育精准帮扶,在建立翔实完备的农村留守儿童信息台账的基础上,必须对顺平县农村留守儿童实施动态管理,并对重点对象进行核查,确保农村留守儿童得到妥善照料。华北电力大学网络信息组招募计算机相关专业的教师和学生,与顺平县"情暖童心"活动办公室合作建设关爱留守儿童"情暖童心"动态信息管理系统及专题网站。主要作用和功能:一是让顺平县农村留守儿童的家长在外务工的同时,也能了解到自己孩子的学习和生活情况,并通过系统平台实现与孩子与教师的互动交流。二是及时公布"情暖童心"项目的通知公告、活动动态、救助信息、帮扶成效、联系方式等,呼吁社会各界爱心人士伸出援手,以"一对一"或"多对一"等形式关爱帮扶农村留守儿童。三是建立对留守儿童信息的分类、汇总、条件查询等功能,方便教育局、各中小学校对农村留守儿童信息实行动态管理,及时掌握留守儿童的变化和发展,精准掌握受助者的情况、精准施策对接服务者的具体需求。

"情暖童心"动态管理系统由前台系统、信息查询系统与后台系统组成。前台系统负责显示当前活动、动态、相关文件等信息;信息查询系统负责客户登录验证后,对留守儿童信息进行相关数据的录入、查询、修改等操作;后台系统主要负责前台系统和信息查询系统的页面布局、功能设置、用户管理等相关操作(由系统管理员负责),其业务流程如图2-13。

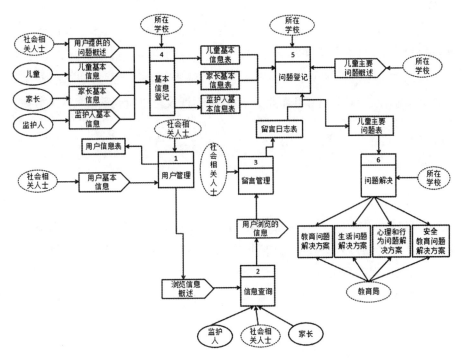

图2-13 关爱农村留守儿童动态管理信息系统的业务流程图

一是信息录入。首先由留守儿童所在学校负责录入留守儿童、家长、监护人等基本信息。然后系统自动将这些录入的信息进行整合和分类,存储到数据库中,建立起完善的留守儿童信息档案。

二是信息查询。基于信息安全和保密,该系统应对登录者进行身份验证,相关儿童的家长及监护人只能浏览自己孩子的相关信息;普通社会人员只能浏览与儿童教育相关的知识,如其有意对某个儿童进行帮助,先要到顺平县爱心协会办公室进行登记备案,再由爱心协会办公室工作人员对系统中的信息进行管理与维护,建立相关帮扶信息。

三是信息管理。系统数据录入后,由管理员进行审核数据是否通过,并负责整个系统的页面设计、布局及功能调整。管理员由"情暖童心"综合办公室相关人员担任。

四是信息交流。随着移动通信技术的快速发展、脱贫攻坚工作的不断推进,当地群众的生活水平不断提升、智能手机日益普及,信息交流的方式也在不断发生着变化,从手机短信、网站 BBS 交流,逐渐发展到微信群、钉钉群交流。

五是信息更新调整。各中小学校每学期初要对留守儿童家庭情况进行一次调查摸底,及时掌握留守儿童的动态信息。根据新学期留守儿童变化情况,华北电力大学志愿者与顺平县各中小学校教师密切合作,通过入户调查、实地走访等形式,逐一做好留守儿童相关信息的统计,及时更新调整信息系统数据。

第三节 组织动员聚合力

做好农村留守儿童关爱保护工作,关系到未成年人健康成长,关系到家庭幸福与社会和谐,关系到教育脱贫攻坚的质量和成色,关系到全面建成小康社会大局。华北电力大学高度重视"情暖童心"项目,充分发挥在科学研究、人才培养、大学生志愿者等方面的资源优势,加强统筹协调,加大宣传动员力度,完善体制机制,采取有效措施,确保顺平县农村留守儿童得到妥善监护照料和更好关爱保护。

一、加强项目统筹协调

自"情暖童心"项目实施以来,华北电力大学和顺平县领导对此项工作给予高度的重视,多次召开专题协商会议,一起研究谋划、一同安排部署、一道推进落实此项工作。华北电力大学校内有关单位和顺平县政府有关部门认真贯彻落实《关爱贫困山区农村留守儿童"情暖童心"行动实施方案》,对照既定目标任务,加强组织领导,明确职责任务,统筹协调推进,确保关爱顺平县贫困山区农村留守儿童工作能够落到实处、取得实效。

华北电力大学"情暖童心"办公室坚持把农村留守儿童的实际需求作为各项工作的出发点和落脚点,全面了解、深入研究留守儿童的生存状况和成长需求,组织开展有针对性、多样化的关爱服务行动,注重点面结合,切实解决好留守儿童的实际问题和困难。华北电力大学"情暖童心"专项基金委员会和各专项工作组牢固树立"一盘棋"的工作理念,实现项目化运作方式,按照项目申报、项目立项、项目运营、项目结项、项目交流等流程实施关爱服务行动,并在任务分工、信息共享、工作步点等方面加强沟通协调,形成有效工作合力,以保障顺平县农村留守儿童健康成长。

其中,"情暖童心"专项基金委员会,依托华北电力大学教育基金会,充分整合社会各界善款,主要用于"情暖童心"项目的软硬件建设、培训费用、贫困救济等,为项目服务水平的提高筑牢坚实的基础。"情暖童心"综合组主要负责帮扶行动的整体策划、协调、宣传以及资金整理等工作;社会工作组主要是在关爱农村留守儿童活动过程中提供法律支持与社会工作等方面的服务;心理辅导组主要是对农村留守儿童开展心理状况调研与咨询辅导,对当地中小学教师进行心理培训;网络信息组则是建设"情暖童心"教育精准扶贫行动专题网站以及帮助开发顺平县农村留守儿童信息动态管理系统;志愿服务组主要负责组织大学生志愿者赴顺平县开展一系列的扶贫、扶智、扶志的志愿帮扶活动,具体任务分工详见表2-1。

表 2-1 "情暖童心"项目专项工作组任务分工

工作组	主要任务
综合组	1. 与顺平县政府建立联系,前期项目策划
	2. 筹集资金,制订预算,负责处理项目财务事宜
	3. 与顺平县政府联络沟通,负责项目日常事务性工作
	4. 联络校友帮助建立顺平籍外地家长后援会
	5. 负责"情暖童心"行动学校方面宣传工作
社会工作组	1. 开展安全和法制宣传活动
	2. 对留守儿童不良行为进行行为矫正和干预
	3. 和县司法局合作,为留守儿童及其家庭提供法律援助
	4. 为关爱活动全程提供法律知识专业支持
	5. 组织、邀请校内外法律及社会工作方面的专家对顺平有关人员进行培训
心理辅导组	1. 按照顺平实际情况及对象特点设计儿童心理状况调查问卷,开展调查研究
	2. 邀请心理学专家对中小学教师、学生家长等进行心理学基本知识培训
	3. 组织心理学专业人士对农村留守儿童开展心理咨询和辅导
	4. 参与编制"情暖童心"配套教材
	5. 帮助编辑"温情短信"内容

续表

工作组	主要任务
志愿 服务组	1. 选派大学生志愿者参与"情暖童心"活动中心及分中心的建设、运营工作
	2. 组织大学生志愿者与留守儿童结对子,开展长期定向帮扶
	3. 组织志愿者赴顺平开展一系列扶贫与扶志、扶智相结合的志愿服务活动
	4. 组织留守儿童假期走进华北电力大学,体验大学生活
	5. 组织志愿者带领留守儿童假期到其父母打工的城市体验生活,学会感恩
网络 信息组	1. 帮助建设"情暖童心"行动专题网站
	2. 帮助开发顺平留守儿童信息动态管理系统

二、加大项目宣传推广

加强"情暖童心"项目的宣传和推广工作,开展形式多样的宣传和推广活动,不仅能强化各方主体的责任意识,还可以积极引导社会舆论,及时回应社会关切,宣传报道先进典型,在更大范围内形成关爱农村留守儿童的良好氛围,宣传推广流程如图2-14。

一是要明确宣传目标,丰富宣传内容。"情暖童心"项目不仅要向师生、家长和社会各界介绍项目的基本情况、活动内容等,还要让大家了解顺平县留守儿童的成长经历、生活困境、现实需要等,更要跟踪报道关爱留守儿童的先进事迹及典型人物,及时发布相关的动态信息,公开透明回应社会关切,不断强化"情暖童心"项目在广大师生、家长中的影响力和号召力,进一步提高社会各界对项目的认可程度和主动参与意识。

二是要拓展宣传形式,创新宣传载体。"情暖童心"项目不能只停留在便捷、常规化的宣传方式中,要采用线上宣传、线下宣传相结合的方式,善于利用青年学生喜闻乐见的网络、移动传媒等新媒介,通过开展"情暖童心"主题活动、文艺演出等辐射范围大、社会影响效果明显的宣传方式,全方位、多渠道、广泛深入宣传"情暖童心"项目的目的意义、活动内容、政策支持等,在校园里和社会上营造良好氛围。

三是要加大项目推介力度,争取更多社会支持。"情暖童心"项目聚焦顺平县农村留守儿童的实际情况和现实需求,充分整合优化资源配置,积极探索留守儿童关爱新模式,并通过网站、微信、微博等平台加大项目推介力度,鼓励和引导社会力量参与留守儿童服务。

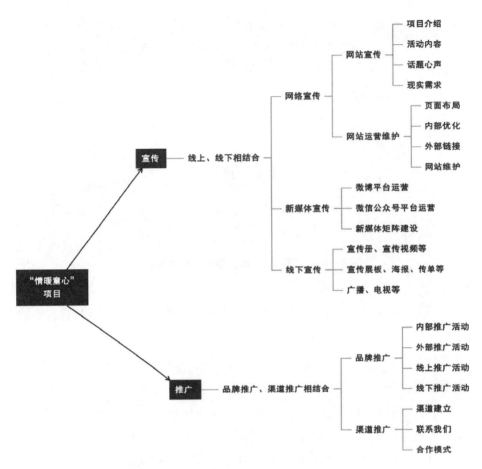

图 2-14 "情暖童心"项目宣传推广流程图

三、动员师生广泛参与

在"情暖童心"项目的实施过程中,在校教师和大学生志愿者是重要组成部分和主要力量来源。"情暖童心"项目以助力教育精准扶贫为切入点,多措并举关心关爱农村留守儿童健康成长,既符合国家战略的需要,也符合当代大学生追求社会价值与自我价值实现相结合的特点。根据调查发现,大学生有投身于关爱农村留守儿童活动的热情,愿意用自己所学的专长为社会上需要帮助的人服务。"情暖童心"项目对于大学生来说,是一个锻炼他们意志品质和社会责任的平台,不仅能体现青春的担当,更可以锻炼自己,提升自我。

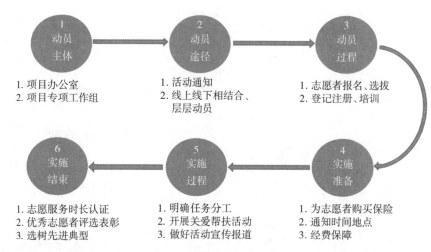

图2-15　"情暖童心"项目师生动员实施流程图

图2-15显示,"情暖童心"项目积极做好活动的宣传,形成动员、实施的完整工作链条,广泛动员组织师生志愿者积极参与项目。"情暖童心"项目根据帮扶内容和开展活动的需要,面向全校师生发布志愿者招募通知,采取线上线下相结合的方式宣传动员,并做好志愿者的报名、选拔、培训、管理、保障等工作。在"情暖童心"项目实施过程中,每个志愿者明确各自的任务分工,扎实有效地开展各项关爱帮扶活动,确保活动取得实实在在的成效。活动结束后,予以志愿服务时长的认证,并开展优秀志愿者的评选和表彰,大力宣传先进典型和优秀事迹,营造支持、参与、热爱志愿服务的良好氛围。

"情暖童心"项目积极引导大学生利用专业所学服务社会,鼓励教师、学生等充分发挥专业优势,带着思考、带着课题参与项目活动,从实践中汲取丰富的营养,形成更多优秀的研究成果和创新创业成果,不断健全完善农村留守儿童关爱服务体系,提升关爱服务水平,切实维护农村留守儿童的合法权益。

四、完善项目保障机制

为确保关爱顺平县农村留守儿童工作落到实处,"情暖童心"项目不断强化经费保障、制度保障、服务保障等。正是在全方位的服务保障覆盖下,"情暖童心"项目才能按照预设的活动内容、活动形式去组织实施,以实现项目目标。

一是强化经费保障,落实资金支持基础。顺平县人民政府、社会爱心企业以及华北电力大学教育基金会为"情暖童心"项目提供资金支持。其中,顺平县社会爱心企业向华北电力大学教育基金会捐资 150 万元、华北电力大学配套支持资金 56 万元,共同用于顺平县关爱留守儿童项目建设。同时,华北电力大学教育基金会继续通过吸纳企业赞助、爱心人士捐款、政府补助等资金,保持关爱留守儿童活动可持续发展。

二是强化制度保障,确保项目实施有章可循。华北电力大学、顺平县人民政府、顺平县爱心协会联合发布了《关爱贫困山区农村留守儿童"情暖童心"行动实施方案》,明确了项目实施的基本思路、组织体系及各项保障、主要活动设计以及活动推进计划等方面的内容,为"情暖童心"项目的组织实施指明了发展方向,提供了根本遵循。在总体实施方案的指导下,华北电力大学、顺平县人民政府又联合发布了《"大学生校官"聘任方案(草案)》《专项基金项目方案(草案)》《社会工作组实施方案》《中小学教师和爱心家长培训方案》等专项实施方案,进一步明确了各专项工作组的职责任务、工作重点等内容,有利于各工作组各负其责、协调配合、统筹推进。在此基础上,"情暖童心"项目制定并完善了《留守儿童日常管理制度》《"爱心基金"管理使用办法》《先进典型评选表彰办法》等规章制度,不断提高"情暖童心"项目的制度化、规范化水平。

三是强化服务保障,不断优化项目实施各个环节。"情暖童心"项目从准备到组织到实施再到监督,不断强化服务意识,优化管理体系,充分发挥出机制的最大成效。"情暖童心"项目按照"有场所、有设施、有标志、有制度"的标准,积极推进"情暖童心"实践基地标准化建设,建设一批"爱心机房""爱心读书角""爱心活动室""电力之光"科学实验室等教育阵地,确保顺平县留守儿童享有优质的教育资源,进一步提高当地中小学学生、家长和老师的教育获得感和满意度。"情暖童心"项目不仅对服务对象、活动内容开展全过程的护航服务,更对参与项目的大学生志愿者提供全方位的支持保障,确保大学生志愿者在安全的项目实施过程中长见识、练本领、增才干。

五、创新大学生校官制度

"情暖童心"项目为实现留守儿童和大学生"双向受益、共同成长"的目标,综合办公室在前期开展大量调查研究、专题访谈、收集材料的基础上,经领导小组会议专门研究决定,实行"大学生校官"计划。

在实验中学、实验小学、蒲阳中学、逸夫小学、腰山中学、腰山总校、安阳中学、安阳总校、神南中学、神南总校、大悲中学、大悲总校等 12 所顺平县域内留守儿童相对集中、规模较大的学校,分别聘任一名"大学生校官",以当地学校校长助理的身份参与"情暖童心"项目及学校其他相关活动,在活动开展的过程中担任顾问和技术指导,参与学校团队建设,带动"情暖童心"项目及学校其他相关活动整体水平的提高。"大学生校官"统一由县教育局发放聘书,主要职责以及工作范畴也以文件的形式加以明确。

图 2-16 "情暖童心"项目"大学生校官"聘任仪式

在组织形式上,"大学生校官"计划建立"指导教师——大学生校官——服务团队成员"三维工作体系。在顺平县当地,通过赋予大学生校官"校长助理"这一身份,实现与顺平县教育局以及所属各乡镇中小学的无缝对接。在工作中,由指导教师团队和县教育局负责行动总体规划,"大学生校官"和各乡镇中小学校长根据各个学校实际情况制订具体实施方案,大学生志愿服务团队和乡镇中小学教师共同实施。"大学生校官"工作职责:一是参与学校共青团和少先队建设,指导带动团队活动。二是配合学校落实"情暖童心"工作安排,协助学校与华北电力大学相应项目组的联系接洽,根据任职学校的实际需求,协调华北电力大学相关资源,有针对性地开展各项关爱活动。三是针对"情暖童心"项目的具体需求,出谋划策,提出建议。对于服务团队成员,采取"分散与集中相结合,长期与短期相结合",鼓励学生分批定期开展服务工作。

"大学生校官"在深入农村走访调研中加深对社情民意的认识,在志愿服务中实践专业理论知识,在从事管理、联络、宣传工作中全面锻炼社会工作能力,实现服务社会与提升自己的双赢,"大学生校官"制度亦成为在广大师生中培育和践行社会主义核心价值观的新载体。

第四节 分类实施精准化

"情暖童心"项目坚持把顺平县留守儿童的实际需求作为各项工作的出发点和落脚点,把孩子们真正受益作为衡量工作效果的标准,开展了爱心支教助学、文化艺术筑梦、科技创新领航、大学校园感知、心理健康辅导、社会工作服务六大专项行动,真正做到了把好事办好、实事办实。

一、爱心支教助学

党的十八大以来,教育部会同有关部门印发《教育脱贫攻坚"十三五"规划》,构建了较为完善的教育扶贫制度体系,深入实施一系列补短兜底的教育扶贫工程项目。《中共中央、国务院关于打赢脱贫攻坚战三年行动的指导意见》提出,要动员组织各类志愿服务团队、社会各界爱心人士开展扶贫志愿服务。扶贫必扶智,开展爱心支教助学,让贫困地区的孩子们接受良好教育,不仅是阻断贫困代际传递、促进教育资源均等化的重要举措,也是引导广大青年增强使命意识和责任意识,构建长效育人机制的有效途径。

由于地理、经济、社会等因素影响,城乡教育存在差距,乡村教育一定程度上存在师资力量不足、基础设施不够完善等问题,阻碍了教育功能的发挥。留守儿童多数由祖父母照顾,而多数的农村祖父母文化程度不高,或是对学习不重视,或是想辅导孩子但心有余而力不足,且家中的家务以及农活都需要祖父母承担,更加无暇关心孩子的学习情况。部分留守儿童存在学习成绩不佳、产生厌学情绪,甚至逃课逃学等问题。

(一)明确爱心支教助学工作思路

2017年,中共中央、国务院印发并实施《中长期青年发展规划(2016—

2025 年)》,提出"科学配置教育资源,加大公共教育投入向中西部和民族边远贫困地区的倾斜力度,逐步缩小地区间教育资源差距"。华北电力大学作为教育部直属高校,国家"211 工程"和"985 工程优势学科平台"重点建设大学,2017 年进入国家"双一流"建设高校行列,具备丰富的教育教学资源和较强的人才资源优势,"情暖童心"项目团队自成立起就立足于服务国家重大战略,把教育扶贫作为切入点。开展爱心支教助学是推动教育公共服务均等化的重要举措,"助学"决定了不能"另起炉灶",而应针对顺平县乡村教育的实际需求和现实问题,在原有教学体系的基础上,与农村学校教育体系有效衔接,形成有力补充。

《中长期青年发展规划(2016—2025 年)》提出要加强实践养成,引导青年自觉把人生追求融入党和国家事业,鼓励和支持青年参与社会实践和社会公益事业。"情暖童心"爱心支教助学组织动员广大青年积极投身脱贫攻坚,为顺平县改善教育环境、提升教育效果提供智力支持,是促进大学生和中小学生双向成长、双向受益的平台,通过爱心支教助学培养一批具有理想信念、奉献精神,同时又熟悉国情、具有基层视野的社会主义优秀建设者。

(二)制定实施路径

1.确立组织管理机制。"情暖童心"项目组针对顺平县乡村教育力量薄弱的问题,积极发挥高校的资源优势,制定了"一系带一校"的帮扶策略,明确责任片区,精准对接。此项工作由校团委总牵头,负责同顺平县教育局对接协调,统筹负责总体规划、指导、检查和考核等工作。一院系对接一所乡村学校,负责本系志愿者全过程管理实施工作,包括志愿者招募选拔、培训、日常管理、表彰激励、突发事件处置等。院系团委书记为本院系支教助学工作第一责任人,承担全过程协调、管理与服务职责。

多年来,先后有十个院系参与到爱心支教助学中来,对接了顺平县腰山镇中学、实验中学、安阳中学、大悲中学、神南中学五所中学和北神南小学、大悲小学、中粮希望小学、导务小学、长城桃花小学、阳各庄小学、四联办小学、腰山镇小学八所小学。2021 年,五个院系的志愿服务队获评共青团中央青年志愿者服务社区行动"七彩四点半"志愿服务示范团队。

2.招募和培训志愿者。院系团委每年 5—6 月,9—10 月组织招募志愿者。按照"公开招募、自愿报名、择优选拔"的方式,经过笔试和面试两轮考

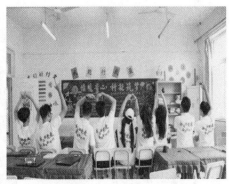

图 2-17 "情暖童心"支教小组成立

评,从学习成绩优异、日常表现优良、表达能力过硬的学生中择优选拔。选拔结束后,与每一位支教队员签订志愿服务协议,明确权利与义务。

为做好志愿服务工作,院系团委会对志愿者开展集中培训,内容包括思想政治教育、教学技能和教育法规培训、模拟支教训练、团队凝聚力培养等。还会通过举办新老志愿者分享交流、医疗救护演练、身心素质锻炼等活动,全方位武装志愿者。每年7月,举行"情暖童心"社会实践出征仪式,为志愿者加油鼓劲,提出希望与要求。学校十分关心志愿者的工作和生活情况,校领导亲自到支教学校看望慰问志愿者,实地解决志愿者的生活困难。

图 2-18 "情暖童心 科技筑梦"社会实践团出征仪式

3.线上线下开展学业帮扶。针对留守儿童日常学业无人辅导,寒暑假无人看管的问题,"情暖童心"组织开展"和你在一起"爱心支教助学活动。每年暑假,"情暖童心"项目组都会到对接小学实地支教,大学生志愿者在深入了解孩子们学习上的不足与需求后,为孩子们制定行为习惯和学业成绩"双提升"计划,开设英语课、数学课、物理课和文学课,针对孩子们理解困难的知识点细心讲解,查缺补漏,帮助他们解决学业上的问题。

图 2-19　志愿者在为孩子们讲解学习问题　　　　志愿者在认真备课

　　同时借助互联网平台,长期开展线上支教助学活动,积极探索"互联网+助学"模式。志愿者和小学生一对一结对子,每周一到周五的 18:00—19:00 固定开展学业辅导活动,帮助小学生辅导作业,完成课后练习。特别是在 2020 年新冠肺炎疫情期间,线上教学有利弥补了无法开展线下教学的不足,保障了帮扶工作不间断。仅 2020 年,线上课堂的志愿者就达到了二百余人、授课五千多节、总计时长五千多个小时。线上线下同频共振,互补互促,共同助力乡村孩子发展。

　　(三)提供设备资金支持

　　针对学校教学设备不足、教学资源有限,无法满足孩子们网络知识和技能学习的需求,"情暖童心"项目组积极整合各方资源,捐赠两百余台教学电脑及设备,为部分中小学搭建"情暖童心"远程教育平台。项目组筹集资源,修葺部分教室里的基础设备,更换一批课桌和教具。"孩子们上课的桌子有些还是老木头桌子,桌面上有很多沟壑,写字比较困难,很庆幸我们能够联系到这么多爱心人士为他们更换了一批新桌子",志愿者在帮忙更换新桌子时感慨道。项目组还购置各类益智、科技、文学等读物,在一些中小学教室中打造图书角,为孩子们开辟出一片广阔的阅读天地。

　　"情暖童心"项目组经过深入调查、认真研究,挑选了百余名有代表性的留守、特困和大病残疾儿童作为帮扶对象,并根据孩子们的实际情况以及志愿者的帮扶意向,为每一名孩子确定资助现金的额度以及物资的分配方案,并为

图2-20 "情暖童心"远程教育帮扶平台和图书角

他们指定具体的帮扶人员。同时,项目组还专门制作了印有帮扶双方基本信息的爱心联系卡及帮扶日志本,使帮扶工作更加规范化、具体化、长期化。

图2-21 "和你在一起"多对一结对帮扶及回访活动

(四)定期开展乡村教师培训

华北电力大学充分发挥教学资源丰富、师资力量雄厚的优势,开展了中小学教师培训支教助学行动。定期邀请校内外专家学者,对顺平县当地中小学教师开展现代教育理论、教学技能、授课技巧等方面的培训,进一步提高中小学教师的教学水平。截至2021年,已系统培训当地教师三千余人次,为提升乡村教育水平提供了有利支撑。

二、文化艺术筑梦

习近平总书记在中央扶贫开发工作会议上的讲话中指出:"扶贫既要富口袋,也要富脑袋。要坚持以促进人的全面发展的理念指导扶贫开发,丰富贫困地区文化活动,加强贫困地区社会建设,提升贫困群众教育、文化、健康水平和综合素质,振奋贫困地区和贫困群众精神风貌。"扶贫先扶志,扶志与扶智相结合,才能激发脱贫内生动力。

乡村学校的学生由于成长环境的制约,眼界受限,部分孩子缺乏自信,欠缺理想与目标。乡村学校由于师资力量不足,艺术课程或是部分内容无法正常开展,或是开展的频次不高、内容不丰富,加之相应学具和器械不足,学生缺乏感受艺术和展示艺术的机会。

(一)明确文化艺术筑梦工作思路

"授人以鱼,不如授人以渔",贫困地区的发展应当从转变观念做起。"情暖童心"项目组不仅要通过爱心支教助学扶知识、扶技术、扶方法,还要通过文化艺术筑梦扶思想、扶观念、扶信心。在孩子们心中播撒爱党爱国的种子,为孩子们树立成长榜样和成才目标,引导孩子们树立正确的世界观、人生观、价值观。开展艺术教育和艺术活动,提升孩子们的审美情趣、增强艺术素养、开拓眼界与见识。

实现对留守儿童因人施策的"精准关爱",有赖于专业力量的投入。华北电力大学高度重视思想政治教育工作,打造了一批思政"金课",同时一批批自立自强的农村学子通过自己的不懈努力取得了优异的成绩,他们为留守儿童树立了最佳榜样,他们的成长经历就是留守儿童最好的教科书。学校艺术氛围浓厚,大学生艺术团曾受邀参加西班牙格拉纳达艺术节、京津冀新春音乐诗会,慰问部队官兵演出,曾获河北省大学生艺术展演一等奖、全国大学生艺术展演三等奖等。立足于华北电力大学的优势,项目组精心设计、精准实施,助力顺平县留守儿童提升综合素质,做到全面发展。

(二)"心灵滋养田",激发乡村孩子的新动能

把理想和信念带进来,把梦想和力量送出去,是"情暖童心"项目组不变的初心。

表2-2 "心灵滋养田"主题课程表

序号	课程	内容	课时
1	升旗、历史小课堂	举行升旗仪式,讲解新中国成立历程	1课时
2	巧手绣党旗	分组带领孩子们绣党旗	2课时
3	"我心中的党"专题课堂	引导孩子们认识了解中国共产党	2课时

续表

序号	课程	内　容	课时
4	爱党爱国教育	播放抗疫视频,分享以钟南山院士为代表的医护人员冲锋在抗疫前线的故事	1 课时
		观看电影《1921》	1 课时
		分享革命先烈李大钊等人的故事	1 课时
5	红歌传唱	《红星闪闪》	1 课时
		《我们是共产主义接班人》	1 课时
		《我和我的祖国》	1 课时
6	"梦想启航"课堂	孩子们分享自己的目标与理想	1 课时
		志愿者讲述自己奋勇拼搏、立志成才的故事	1 课时
7	"感恩的心"课堂	以"应该感谢谁""如何感恩"为开端,让孩子们分享自己的故事和体会	1 课时
		感恩老师课堂:讲述支月英、张桂梅两位老师的故事	1 课时
		感恩父母课堂:播放《常回家看看》,鼓励孩子们帮助父母做一件力所能及的小事	1 课时

1. 开展红色文化教育,培养孩子们的家国情怀。家国情怀是中华优秀传统文化的精髓,在孩子们心中埋下爱国爱党的种子是全社会共同的责任与使命。埋下这颗种子,孩子们将来才能把个人理想追求与国家民族命运维系在一起,才能为实现中华民族伟大复兴中国梦不懈奋斗。

在中国共产党成立 100 周年之际,北神南小学开展了"缅怀历史元勋"主题课,志愿者分享革命先烈李大钊的故事,并和孩子们一起声情并茂地讲述小萝卜头的故事。在导务小学,志愿者鼓励孩子们结合数字"100"进行创作,孩子们在纸上写下对中国共产党成立一百周年的美好祝福,用五颜六色的画笔,描绘家乡的绿水青山,勾勒出对家乡未来发展的幸福憧憬。在腰山小学,志愿者带领同学们观看了电影《1921》和《建军大业》,与孩子们一起学唱《没有共产党就没有新中国》,共同准备了一场"红色百年,童心向党"的汇报演出,歌曲《不忘初心》、诗朗诵《红色的中国》等节目,使孩子们不忘革命先烈们做出的贡献,在他们开辟的道路上不忘初心、继续前进。

在新中国成立 70 周年之际,中粮希望小学志愿者和孩子们共同唱响《我和我的祖国》,一起学习毛泽东诗词。在导务小学,志愿者教孩子们两人一组动手制作国旗台装置,通过手摇杆升起自制的国旗。在北神南小学,志愿者将

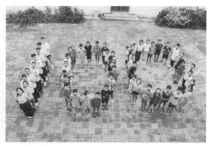

图 2-22 庆祝中国共产党成立 100 周年观影和汇报演出活动

爱国与抗疫结合起来,观看抗疫相关视频,以钟南山院士为代表的医护人员们肩负重担,全国上下齐心应对疫情带来的考验,使孩子们对"家国"二字的重量有了新的领悟。在阳各庄小学,志愿者佩戴党徽、团徽,和系着红领巾的孩子们一起举行庄严的升旗仪式。"希望每一位小朋友都能珍惜今天来之不易的幸福生活,早日成长为国家建设的栋梁。"志愿者说道。

图 2-23 庆祝新中国成立 70 周年手工制作国旗活动

2. 开展榜样示范教育,培养孩子们的鸿鹄志。每名志愿者都是同龄人中的佼佼者,都是孩子们心中的标杆与榜样。他们为孩子们带去的不仅仅是学科知识与学习方法,还带去了他们对待生活、学习积极乐观、无所畏惧的态度,带去了他们乐于奉献、吃苦耐劳的志愿服务品质,带去了他们对未来无限憧憬和坚韧不拔的追求精神。他们当中有一些同样出身贫寒,曾经也是留守儿童中一员的农村大学生,他们奋勇拼搏、不折不挠的精神,学有所成、报效家乡的志向在每位孩子心中深深扎下了根。

"其实支教最需要的不是课本知识的传授,而是帮助学生树立目标,实现人生理想。"志愿者说。在四联办小学的"梦想启航"课堂上,志愿者让孩子们用纸笔写下目标和理想,通过击鼓传花的小游戏相互分享,"咚咚"的鼓声同孩子们的欢笑声交织的课堂成了孩子们畅谈理想的舞台。随后,志愿者对孩子们的目标一一剖析,讲述自身成长经历,勉励孩子们只要坚持不懈,梦想总有一天会实现。志愿者还向孩子们分享了自己的理想和最崇敬的人,听着"老师的理想""老师的榜样",孩子们兴奋不已,在心中默默树立了更高的目标、更远大的梦想。

图 2-24 "梦想启航"课堂

2020 年由于疫情的原因,"梦想启航"课堂转移到了线上。在中粮希望小学的"梦想启航"线上课堂上,来自河南农村的志愿者讲述了自己初中时期在支教老师的影响下,立下远大志向,并最终走出大山的故事。"我一定要将这份关爱与温暖再一次传递给教室中的你们",志愿者激动地说道。一位来自新疆的维吾尔族志愿者讲述了自己回到家乡,教当地老人汉语、给维吾尔族孩子辅导功课、开展公益活动建设家乡的经历,"家乡的发展离不开我们每个人的努力,看着家乡越来越好,我越来越爱我的家乡",志愿者的话语深深打动着每一个孩子。

3. 开展知恩感恩教育,培养孩子们的好品格。"情暖童心"项目组不仅注重知识上的传播、技术上的帮教,还更多地关注思想上的引领、精神上的激励,教育和指导孩子们全面发展,做一个有孝心、有素养、有判断力和选择能力,人格健全的学生。在长城桃花小学,志愿者以"应该感谢谁"和"如何感恩"为开端,让孩子们分享自己的故事和体会。在"感恩的心"感恩老师课堂,志愿者讲述了支月英、张桂梅两位老师燃烧自己的青春岁月,照亮了乡村孩童未来的道路的故事。在"感恩的心"感恩父母课堂,志愿者带领孩子们观看《常回家看看》央视公益视频,鼓励孩子们给父母做一件力所能及的小事。当晚,一位孩子给志愿者发来短信,"老师,记得以前有个广告叫《给妈妈洗脚》,刚刚我照着做了,妈妈高兴地笑了,我也笑了。老师,谢谢你"。

图 2-25　孩子们写给父母和志愿者哥哥姐姐们的感谢信

(三)"文艺轻骑兵",点燃乡村孩子的艺术梦

针对留守儿童"学才艺难"的现状,"情暖童心"项目组成立"光翼"留守儿童艺术团,招募有才艺特长、对才艺感兴趣的留守儿童入团,指导艺术团开展训练,举办形式多样的文艺活动,进一步活跃留守儿童的文化生活,促进留守儿童素质教育全面发展。在腰山小学,志愿者与孩子们共同录制了"情暖童心,与爱同行——哥哥姐姐回来了"亲情素质拓展微视频,举办了交流晚会,小朋友表演的歌舞《青春修炼手册》,赢得了全场热烈掌声。

图 2-26　河口实践点和北神南小学汇报演出

"情暖童心"项目组多次邀请"光翼"留守儿童艺术团参与华北电力大学

迎新文艺晚会、五四表彰文艺汇演等大型活动。其中,"光翼"留守儿童艺术团孩子们和华北电力大学师生志愿者共同带来的情景剧《生如夏花般绚烂》,生动再现了项目组百名大学生赴顺平县中小学开展"情暖童心"支教活动的画面,深深地感染了在场的每一名观众。

图 2-27 "光翼"艺术团留守儿童参加华北电力大学文艺演出

"情暖童心"项目组还广泛开展绘画、美术、手工等艺术教育活动,以多姿多彩的艺术形式,丰富孩子们课余生活,提升留守儿童的艺术修养和审美情趣。其中,阳各庄小学志愿者在全面学习贯彻党的十九大精神之际,与孩子们共同绘制社会主义核心价值观文化墙;在贾各庄小学,志愿者组织开展诗词大会,在书法课堂介绍字体的演变;在导务小学,志愿者从科普剪纸的历史渊源开始,通过纪录片带领孩子们了解精致的窗花和活灵活现的皮影,等等。

图 2-28 志愿者带领孩子们剪窗花、绣十字绣

三、科技领航未来

在 21 世纪的今天,科学技术的发展已经成为国家强盛的基础,习近平总

书记强调:"科技是国家强盛之基,创新是民族进步之魂。"科技力量的发展离不开具备深厚科学素养的国民,科学教育变得尤为重要。"早期的科学教育对一个人科学素养的形成具有十分重要的作用",这意味着基础教育是提升国民科学素养的关键环节。2017年教育部印发《义务教育小学科学课程标准》通知,提出科学课程必须面向全体中小学生,进一步强调小学低年级科学课程教学要重视学生科学素养的发展。但对提高学生科学素养起着至关重要作用的小学科学课程在农村小学常常被忽视。贫困农村每年在中小学课堂开展科学课堂量不足城市的10%,农村与城市直接的教育差距仍然存在。城市孩子享受着窗明几净的实验室,贫困农村小学孩子们只能拥有破旧的书桌与教室;城市孩子在城市科技馆尽情感受科技的魅力,城市小学孩子们拥有人手一份的实验器材,贫困农村小学的孩子们只能多人共同观察一份样品,这些情景就是顺平县农村小学课堂的真实写照。

项目组成员充分发挥人才和学科条件,协调整合各院系、各部门优质资源,先后在顺平县六所小学建立"电力之光"实验室,针对性地设计青少年电子科技实践课程,开展"流动科技馆""科技夏令营"等多元化素质拓展活动,努力缩小城乡在科学课程实验教学上的差距。

(一)明确科技领航未来工作思路

科学课程必须面向全体中小学生,在中小学生中普及科学文化知识,是学生健康成长的需要,也是开展教育精准扶贫的重要举措。由于农村生活条件的限制,孩子们的生活中缺少必要的科学教育,科学课程在大多数孩子心中还都是陌生的存在,尽管充满无限的向往却也无法得到满足。

项目组依托校内六个院系、五个科技类学生社团实现了志愿者的持续接力,在顺平县建立了六个服务中心、十二个服务点,确保了项目的可持续发展。在实践中构建"一对一""多对一"帮扶体系并设计"1+1+E+X"的科学教育体系,即:开设一门标准化《科学》课程,开设一门实验课程,"E"代表电力室,"X"是科技兴趣引导课程,已有"科技小课堂""七彩假期——流动科技馆""走进大学——科技夏令营"等多个选项,使孩子们在轻松、互动的氛围中感受科技的魅力,激发学习动力,形成对留守儿童的长期帮扶、跟踪式关注,为留守儿童的成长保驾护航。

表 2-3　顺平县中小学"七彩筑梦,科技领航"专题培训课程表

时间	课题	实验名称	主要器材
第一天	观测天气	制作观测仪	硬纸片、胶水、花盆、方形纸、尺子、橡皮泥、剪刀、铅笔、一根竹签、两根吸管
第二天	天气与生活	检测酸雨	pH试纸
第三天	固体、液体、气体	使用天平、量筒	天平、量筒
第四天	固体、液体、气体	研究固体、液体、气体性质实验	固体、液体、水、烧杯、量筒、天平
第五天	冰、水和水蒸气	化冰实验	酒精灯、铁架台、石棉网、火柴、冰、水、烧杯、温度计
第六天	水到哪里去了	蒸发得快慢	培养皿、量杯、水、毛玻璃、冷水杯、热水杯、滴管
第七天	雨的形成	凝结	烧杯、玻璃、酒精灯、试管夹

(二)建设"电力之光"科学实验室

根据顺平县中小学开展科学课程教育的实际情况和现实需要,"情暖童心"项目组选定岭后小学、神南小学等六所山区乡村小学建立实验室,补充体验式科学实验器材,开展科技素质拓展活动,进一步丰富中小学生的科学技术知识,开阔他们的眼界,引导他们树立科学的梦想。

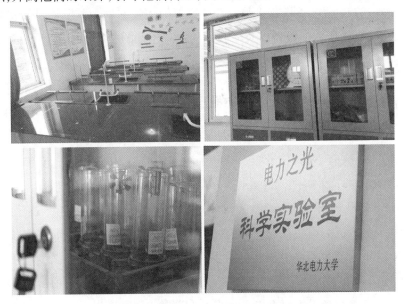

图 2-29　"电力之光"科学实验室

整洁明亮的实验室中,准备台、水槽、酒精喷灯、试管架、生物显微镜等基础设施一应俱全,实验室通过标准化的"科学课程+配套实验环节+科技素质拓展"的模式科学运行,20 余种体验式科学课程极大激发了孩子们的求知欲。项目组持续补充 2000 余件课程标配的实验器材,让孩子们都能够亲自动手做实验。依托实验室阵地,项目组将 VR 体验、智能车、智能机器人、无人机等 40 余种城市孩子们的"新宠"带到他们身边,相应开展"走进大学科技夏令营""走进科技馆"等素质拓展活动,让这里的孩子们不出远门,也能在轻松互动的氛围中感受科技的魅力,激发学习的动力。

项目背靠学校学科优势和人才优势,让志愿者的团队力量得到了源源不断的补充。项目组通过学校"志愿服务中心"面向全校招募志愿者,学校"i"智能团队、智能车俱乐部的同学们也加入到"情暖童心"志愿服务队伍中,团队壮大到现在的 238 人。志愿服务中心通过志愿者汇 APP,为项目组提供注册登记、时长认定等服务,数据结果与学生第二课堂成绩挂钩,充分调动了团队成员的积极性。

项目组通过线上线下相结合的方式筹集资金。线下,项目组联系了一批社会企业,它们发挥资本优势;线上,积极探索网络众筹渠道。

2100 节科学课,160 期科技素质拓展活动,我们用实际行动解决孩子们的现实所需,2270 余名孩子直接受益。志愿者们在教室里为孩子们讲授实验的科学原理、实验所需的设备以及实验过程中需注意的安全事项,通过一个个鲜活的例子为孩子们深入浅出地讲解着生活中的物理小知识。制作天气观测仪实验、纸桥承重实验、检测酸雨实验、观察植物生长实验、"毛毛虫不见了"标本制作、"让瘪的乒乓球鼓起来"固液气体受冷受热实验、测量固体体积实验、化冰实验、蒸发得快慢实验等一系列丰富有趣的体验式科学课程让孩子们全程全神贯注、兴奋不已,孩子们亲自动手制作实验器材进行比拼,在游戏中学习科学知识。

(三)开展科技领航专题教育活动

顺平县山区乡村生活、教育条件落后,VR、机器人、无人机等城市孩子的新宠对这里的孩子们来说还都是陌生的存在。科学课上,孩子们没有机会做实验,逐渐形成了被动接受科学知识、不敢提问、不敢动手操作的局面。对此,项目组成员组织师生志愿者设计体验式科学课程,培养孩子们的自主性和动手能力,将航模、机器人等科技设备从学校带到孩子们身边,组织开展"科技夏令营"活动。

项目组积极联系顺平县政府、教育局,主动承担六所农村小学科学课的教学任务。项目组结合小学科学课程标准和六所小学的实际教学计划编写《科学课程教学大纲》,实现了教学内容的无缝对接;项目组将招募的志愿者划分为不同年级的授课组,为了保证授课质量,项目组设置备课检查、模拟授课等环节并邀请专业老师进行指导。

志愿者们将 VR 设备、3D 打印机、智能机器人、航天模型等科技设备一一展示在课堂上,让孩子们体验现代科技魅力。在飞机航模课上,孩子们紧跟志愿者的指导,用心组装飞机模型。把组件分隔开来、把连接件小心放进对应的卡槽、将贴纸一一对应,再繁杂的细节也抵不住孩子们的热情和好奇。实验室里孩子们排起长队等待体验志愿者手中的 VR 辅助教具,与会跳舞的机器人欢乐舞动;在志愿者的指导下,孩子们动手拼制的"绿色能源小屋"、太阳能小车、太阳能路灯、空气动力快艇、升降国旗台,以及水火箭实验更是引来孩子们的阵阵欢呼。

图 2-30 科技筑梦科学课程

小学教育阶段是基础教育时期的重要阶段,也是人一生中发展很关键的一段时间。孩子们精力旺盛,生性活泼好动,对周围的所有事物都充满着好奇心,已经开始逐渐由具体的形象思维向抽象的逻辑思维变化。在项目实施过程中,志愿者们针对小学年龄段学生身心发展的特点设计科学课程,通过一系列适合小学生的方式展开教育教学活动,培养其科学素养,让孩子们身临其境感受生活中的科技力量,充分提升孩子们的参与感和获得感,有效激发他们的学习兴趣和探索精神。据 6 所学校统计,参与"情暖童心 科技筑梦"行动的留守儿童学习成绩整体呈上涨之势。相比 2017 年,参与该项目活动农村留守儿童平均成绩达到 83.32 分,提高了 5.92 分;107 封来自家长和孩子们的感谢信,也让志愿者们收获了满满的成就感与归属感。

与此同时,项目组为了完成科学课程体系的建设和"电力之光"实验室的设计,积极向专业教师们请教,从专业学习的角度查漏补缺,进一步完善项目组成员的知识结构,真正使实践与专业学习相辅相成。

四、大学校园感知

贫困地区经济落后,地区内人口大量迁移,儿童父母外出务工,使得当地留守儿童数量不断增多。当前乡村教育问题突出,基础设施和师资力量不足、学生道德教育容易被忽视、乡村教育的"去乡土化"等问题,阻碍了教育功能的发挥,使得留守儿童教育问题十分突出,留守儿童学习状态主要表现为:第一,观念的扭曲。由于留守儿童父母及祖父母知识水平有限,其很难对留守儿童教育给予足够重视,再加上有些父母对于是否接受教育本身就存在偏见,很容易让这些留守儿童滋生新的"读书无用论"观念。第二,监管的缺失。由于缺乏父母的监管,大多数留守儿童学习主动性、自觉性较差。父母角色的缺失,使孩子的学习无人辅导和监督。留守儿童行为状态表现为:在"物质+放任"状态下的培养方式使得留守儿童在生活、道德修养及相关教育上缺失,容易使他们养成好逸恶劳、攀比盲从、拜金主义等不良习惯。家长对留守儿童缺乏及时有效的管教,导致其在学校产生迟到、旷课、逃学、沉溺网吧等问题,有些留守儿童甚至违法乱纪,更严重的走上了犯罪的道路。因此,留守儿童的教育问题一直是社会关注的热点。

据项目组实地调查探究,顺平县教育发展面临着较大困难,对留守儿童的教育教学水平较弱,由于多种原因,贫困家庭儿童辍学率也较高。基于突出的留守儿童问题,华北电力大学与顺平县人民政府共同推出"情暖童心 筑梦未来"关爱农村留守儿童高校行活动,组织留守儿童走进校园、感知校园。

（一）明确校园感知活动工作思路

校园感知行动是"情暖童心"项目的特色活动,旨在提高留守儿童的社会感知度与大学体验度,促进留守儿童德智体美劳全面发展,是学生成长成才的需要,也是当下推进素质教育的要求。留守儿童长期生活在经济欠发达的闭塞乡村,视野视域较为狭窄,无法感受到更为高层次的教育,也无法接触到科学合理的教育教学设备。在这种环境下,留守儿童的教育问题自然就会显现出来,道德问题也会日渐突出。

根据"情暖童心"项目的总体安排部署,项目组根据留守儿童教育情况及其身心发展的阶段性特点进行了活动规划和课程安排,电力系、动力系、环工系、法政系、计算机系、自动化系、数理系、科技学院等各院系结合专业特色积极参与,主动谋划。例如自动化系依托智能车俱乐部,开展智能车拼装演示;法政系依托自身扎实的法律知识,举行模拟法庭活动,提高儿童法律认知等。各单位充分发挥校园感知的教育引导作用,提供优质的校园服务内容,提高留守儿童知情意信行多方面的能力,纠正儿童认知偏差,提高其思想水平与道德修养。

表 2-4　参与校园感知活动各院系表

志愿者队伍	校园感知活动类型
电力系、科技学院	破冰之旅、机器人表演课堂、互联网+课堂
动力系、计算机系	物理实验室、趣味运动会、航拍纪实
环工系、数理系	七彩绘画课、"情暖童心"文化墙绘制、文艺表演活动
法政系、自动化系	模拟法庭、儿童广播、爱心儿童水饺

项目组基于以上现实需要与实际条件,成立项目工作专班,共组织 3 期"情暖童心 筑梦未来"关爱农村留守儿童高校行活动。项目下设统筹协调组、课程安排组、志愿联络组、宣传报道组、后勤保障组等保障活动顺利开展。统筹协调组负责师生志愿者及留守儿童的统筹安排管理工作,并协调各个组之间的事务安排;课程安排组负责校园感知活动的课程安排、内容设置;后勤保障组负责参与师生的衣食住行工作等。各组之间分工明确,互相配合,保障活动顺利开展。

（二）筑牢校园感知活动工作根基

1. 招募师生志愿者。依据活动进行的实际需要，保证活动服务质量与开展效果，项目组持续推进志愿者招聘工作。近九年来，项目组累计向全校招募了上千名品质优良、学术过关的本科生和研究生参与志愿活动，志愿者需要进行面试考核，道德修养与知识能力合格才能成为志愿者团队的成员。在志愿者团队中有曾是留守儿童的学生，对于留守儿童的心理状况与学习状态有深入的把握，进一步增强了校园感知工作的服务基础。志愿服务工作也是双向受益的过程。

图 2-31　志愿者招募面试现场

2. 设计"筑梦"课程。课程设计主要从素质拓展、艺术教学、科技启迪、感恩教育、成才励志、亲情陪伴六个方向进行。通过设计户外运动，提高儿童的团队合作精神；通过开展绘画课、音乐课、舞蹈课等文艺教学活动，满足留守儿童的精神文化需求，挖掘并培养他们的文艺特长；通过设置科普知识课程、参观实验室、创新创业孵化中心、智能车教学、航模制作等教学环节和内容，为中小学生带来科技知识启蒙教育，提升学生对学习研究的兴趣；通过观看亲情为主题的朗读视频，并由志愿者带领儿童共同录制感恩父母的话语录音，与父母视频通话等形式，增强留守儿童的感恩心理，培育受恩、识恩、报恩和施恩的感恩意识；通过参观体验大学生活、观看成长励志电影、优秀大学生榜样成才分享等活动，给留守儿童给予正面引导和正向鼓励，激发他们树立立志成才、报效祖国的远大理想；通过开展法治和安全教育，帮助儿童树立正确的价值观；通过乐闻趣事分享、励志故事传授等形式，并结合访谈、心理疏导等帮助其树立良好的价值观。

表2-5 夏令营"七彩筑梦"课程安排

时间	8:00—9:30	10:00—11:30	14:30—16:00	16:10—17:30	19:00—21:00
第一天	入营对接 【全体志愿者】 【学九舍】	参观校园 【电力系】 【二校区】	破冰之旅 【电力系】 【文体中心、操场】	破冰之旅 【电力系】 【文体中心、操场】	分组活动
第二天	趣味体育 【动力系】 【操场】	物理实验室 【数理系】 【教七230】	智能车 【自动化系】 【教七116】	3D打印 【自动化系】 【教七116】	分组活动
第三天	素质拓展 【动力系】 【操场】	电影课程 【计算机系】 【教七116】	艺术教学 【环工系】 【教七116】	艺术教学 【环工系】 【教七116】	分组活动
第四天	参观孵化中心 【电力系】 【教十二C座】	能源知识科普 【动力系】 【教七116】	飞机航模 【数理系】 【教七116】	飞机航模 【数理系】 【教七116】	分组活动
第五天	模拟法庭 【法政系】 【文体中心】	模拟法庭 【法政系】 【文体中心】	艺术教学 【环工系】 【文体中心】	艺术教学 【环工系】 【文体中心】	分组活动
第六天	感恩教育 【法政系】 【广播台】	感恩教育 【法政系】 【广播台】	互联网+课程 【计算机系】 【电脑机房】	计算机课程 【计算机系】 【电脑机房】	分组活动
第七天	闭营仪式 【全体志愿者】	闭营仪式 【全体志愿者】	包饺子	返程	

（三）开展校园感知课程教育教学

1.开展"破冰之旅"活动。通过举办"破冰之旅"活动消除志愿者与留守儿童之间的心理隔阂。在入营对接仪式后立即开展破冰行动,在活动过程中志愿者与孩子们共同完成"很高兴认识你""改编一首包含所有小组成员名字的歌曲"等团队合作游戏,共同经历多场次的团队游戏大比拼,打破了志愿者与儿童的对话屏障,拉近了彼此距离;趣味运动会,凝聚了团队的共识与力量。志愿者与儿童共同参与"球球大作战""亲密报纸"等活动,通过小游戏,增强了孩子们的团队协作能力和团队凝聚力,为后续各项课程的开展,奠定了坚实基础。每年夏令营,项目组都会组织思政微课堂,志愿者会认真备课,结合当下的时政热点,通过有血有肉的真实案例,来增强儿童的爱国情感,提高儿童对祖国的认同感与自信力。

图 2-32　"破冰之旅"心连心活动

2. 开展科技启蒙课堂。贫困地区教育基础设施落后,科学实验设备短缺,教学质量较差。针对于此,学校充分利用科技教育资源,为留守儿童安排科技课程,包括趣味实验室、物理实验课、智能车课堂、航模课、机器人课堂等。物理实验课上,老师现场展示物理实验,为儿童深入讲解物理知识。进行"模拟云层放电""怒发冲冠"等实验,利用科学现象引发儿童兴趣,增强儿童主动学习能力。开展智能车课堂教学活动,组织儿童了解智能车基本知识,亲手操纵智能车,让儿童在活动中获得成就感。为拓展儿童学习思路,志愿者还带领儿童参观了国家级众创空间——大学生创新创业孵化中心和保定市大学生科技园。在机器人俱乐部,留守儿童们集体观看了机器人的智能舞蹈,与机器人进行了亲密互动,大学生志愿者对儿童所提出的问题进行了科学回答,并讲述了机器人运行的机械原理。志愿者团队持续为儿童的认知学习提供必要的科技服务,切实提高儿童的科技认知能力水平。

图 2-33　"科技启迪智慧　放飞科学梦想"系列活动

3. 开展多彩艺术课堂。由于乡村经济落后,教育教学工具短缺,乡村的美术课上美术用品同样短缺,留守儿童们共同绘画的机会较少,因此项目组特别安排绘画课,引导儿童绘出七彩梦想。绘画课以"奋斗青春""我的未来""我的梦想"等为主题,引导儿童思考并发言,讲出自己的梦想,最终以绘画的形式,将儿童梦想图景展现出来。此外,志愿者和儿童共同完成了"情暖童心"文化墙的绘制,文化墙描绘了"情暖童心"活动九年来在大学生志愿者与留守儿童之间所建立的深厚情感。

图 2-34 多彩艺术——绘画课堂现场

4. 开展"互联网+"课堂。网络发展速度较快,而贫困地区的校园建设力量不足,无机房,无电脑,儿童无法接受计算机知识的教育。在已经捐赠机房和计算机的基础上,这次课程中也精心安排了计算机课程,志愿者通过简单的编程讲解,向儿童展示了如何输入代码实现动画的设计,让儿童得到"互联网+"课堂的互动体验。通过"互联网+"课堂,志愿者们教会孩子们如何使用互联网搜索获取知识信息,通过网上图书馆借阅书籍,提高了儿童使用计算机的能力,增强了儿童在计算机使用方面的获得感,拓宽了留守儿童对互联网的认识。

图 2-35 孩子们体验"互联网+"课堂

5. 举办模拟法庭活动。在贫困地区的儿童教育教学最容易忽视法律道德观教育,法律道德观是每一个孩子都应当树立的,基于此,学校借此教育机会,巧妙利用模拟法庭活动,通过生动的情景再现,为孩子们讲好法治课堂,使他们认识到懂法守法的重要性,同时学习自护知识,保护自己。模拟法庭中严密的审判流程彰显了法庭的威严,有利于在儿童心中建立起法律法规的权威力,对于降低青少年犯罪率具有积极意义。模拟法庭给儿童进行法律知识的灌注,提升了儿童的法律素养。

图 2-36　模拟法庭活动现场

6.体验校园社团活动。除"筑梦"系列课程以外,项目组也设计了形式多样的素质拓展活动,比如举办趣味运动会、思政微课堂、定向越野、文艺演出等活动,让孩子们尝试不同角色的扮演,亲身参与到活动中来,提高他们的实践能力,增强他们的获得感。让孩子们参与社团活动、参观社团之家、图书馆、体育活动中心,走入大学生宿舍,感受大学生生活。全方位地感知大学校园文化,有助于在留守儿童思维中形成多维立体体系。举办"爱心儿童水饺"活动,志愿者与留守儿童在学生餐厅共同包饺子,寓教于乐,师生共同参与到劳动实践中,实现双向受益进步。

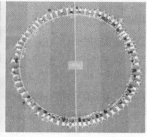

图 2-37　感知校园活动留念

五、心理健康辅导

青少年正处于人格形成和发展的关键时期,父母的关爱和教育、良好的家庭环境对青少年的健康成长具有十分重要的影响。农村留守儿童是我国在社会转型过程中产生的一个特殊社会群体,在生活、学习及成长过程中他们面临比同龄儿童更多的困境,其中最不容忽视的便是心理健康问题。平时主要表现为:少言寡语,过分害羞,见到陌生人不敢说话;对周围人充满敌意和不安全感,叛逆不听话、拒绝沟通、不服从管教,甚至有暴力的倾向;对未来充满茫然,沉迷于网络,甚至逃学辍学,过早地进入社会……

经研究发现,农村留守儿童由于长期与父母分离,缺乏父母的关爱呵护和精心照料,缺少同父母沟通交流的机会,存在不同程度的亲子教育缺位现象,而其他的监护人又代替不了父母在正常情况下提供的亲情温暖和关爱呵护,使得农村留守儿童的心理和精神需求得不到满足,或多或少出现了依赖性强、自卑、心理承受能力差和行为不规范等问题。这些问题如不能及时解决,将会对农村留守儿童的健康成长产生不良的影响,严重的会出现行为障碍或人格缺陷。

(一)明确心理健康辅导工作思路

在中小学开展心理健康教育,提高中小学生心理素质,是学生健康成长的需要,也是推进素质教育的必然要求。《中小学心理健康教育指导纲要(2012年修订)》明确指出,要从加强教师队伍建设、创设和构建良好环境等关键入手,指导中小学校开展心理健康教育。文件要求每所学校至少配备一名专职或兼职心理健康教育教师,并逐步增大专职人员配比。根据调查发现,当年顺平县中小学心理健康教育存在不同程度的缺失,大多数学校都没有设立专门的心理咨询室或心理辅导室,也没有专业心理咨询人员。在这种环境下,农村留守儿童的心理问题得不到应有的重视和及时的关注,不利于留守儿童心理健康发展。

中小学是农村留守儿童的第二个家,是对留守儿童进行教育的主阵地。中小学教师成为解决顺平县留守儿童心理问题的关键人,主要基于三个方面:一是顺平县中小学教师作为农村家长最为信赖和敬重的人,可以通过家访及时了解留守儿童的家庭情况及心理需求,可以随时便捷地与留守儿童沟通和交流,能够获得留守儿童的第一手资料。二是顺平县留守儿童人数众多,心理健康问题日益凸现,单纯依靠"情暖童心"项目心理辅导组的力量难以解决所有留守儿童的心理问题。三是顺平县中小学教师大多欠缺心理健康教育专业知识与技能,他们希望能够接受心理健康教育方面的专业培训,帮助解决农村留守儿童的心理健康问题,促进留守儿童健康成长。

基于以上现实需要和实际问题,"情暖童心"项目心理辅导组将工作重点界定在对顺平县中小学教师开展心理健康教育系列培训,着力培养一批优秀的中小学心理健康辅导教师,并指导帮助顺平县中小学建立心理咨询室,逐步构建起系统化的心理关爱服务体系,积极推动团体心理辅导活动课在全县中小学普及。同时,对存在心理问题或出现心理障碍的农村留守儿童进行个别咨询与辅导,并对留守儿童开展培训交流,将农村留守儿童的心理健康教育落到实处,如图2-38。

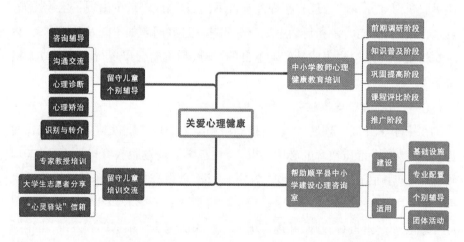

图2-38 "情暖童心"项目"关爱心理健康"实施框架图

(二)开展中小学教师心理健康教育培训

中小学班主任、教师是与留守儿童日常接触最多的群体,在整个关爱活动中应承担起日常关爱工作,通过留守儿童的在校表现,了解他们的情感需求以及心理变化,对出现心理问题或心理障碍的留守儿童及时提供心理干预和疏导,为"情暖童心"项目关爱心理健康活动提供最基础、最可靠的教育保障。

"情暖童心"项目心理辅导组依托华北电力大学心理服务中心,组织省内高校、科研院所及医疗卫生系统的理论心理学和临床心理学的教学人员、科研人员、心理咨询业从业人员,对留守儿童集中的山区中小学班主任、教师进行心理健康教育实用技能培训,具体培训流程详见表2-6。

表2-6 顺平县中小学教师心理健康教育培训流程表

序号	培训阶段	主要内容
1	前期调研阶段	摸底中小学心理健康教育现状 开展中小学生心理健康调研
2	心理健康教育知识普及阶段	开设青少年心理健康、学习心理学、心理咨询技能、心理测量技术等培训
3	心理健康教育巩固提高阶段	开设团体心理辅导培训、萨提亚模式培训、沙盘咨询督导、心理咨询技能训练等专题培训
4	心理健康教育课程评比阶段	开展心理健康教育课程评比活动 提升心理健康教育课程教学质量
5	心理健康教育推广阶段	开展心理健康教育课程教学经验交流会 面向全县中小学推广团体心理辅导活动课

1. 开展心理教育与心理健康现状调研。为更有针对性地制定工作计划,对顺平县中小学心理健康教育现状进行摸底,并对中小学学生心理健康状况开展调查。调查数据显示,2013年顺平县绝大多数中小学没有开设心理健康教育活动课,没有专门的心理咨询室或心理辅导室,没有专业的心理健康教育师资队伍。在抽样调查中,12%的中小学生不同程度地存在着各种各样的心理障碍问题。面对迫切的心理健康教育培训与心理帮扶需求,急需建立相对完善的心理健康教育培训体系和心理帮扶机制。

2. 普及心理健康教育基础知识和基本技能。为帮助顺平县中小学教师掌握心理健康教育的基础知识和基本技能,"情暖童心"项目心理辅导组结合当地教师的实际情况,邀请了全国心理健康教育领域的专家教授及优秀教师,开设了六场心理健康教育普及培训课程,培训主题涉及青少年心理健康、学习心理学、心理测量技术、心理咨询技能、团体辅导技术、沙盘游戏疗法等方面,如表2-7。通过18个学时的基础培训,帮助顺平县中小学教师学习运用心理健康教育的理论知识和操作技能,增强了其心理健康教育意识和能力。

表 2-7　顺平县中小学教师心理健康教育普及培训课程表

培训安排	培训主题	参训人员	培训时间
第一期	青少年心理健康	中学教师	3 学时
第二期	学习心理学	全体教师	3 学时
第三期	心理测量技术	全体教师	3 学时
第四期	心理咨询技能	全体教师	3 学时
第五期	团体辅导技术	小学教师	3 学时
第六期	沙盘游戏疗法	全体教师	3 学时

其中,心理健康培训主要从情绪和行为两方面分析现阶段中学常见的行为异常问题,从理论层面阐述各种心理问题及行为障碍的判定标准,共同探讨青少年心理问题的各种表现及影响、产生的原因及应对方法。学习心理学培训主要梳理总结近年来心理健康教育在中小学的发展过程,分析阐述中小学开设心理健康教育课的重要性和意义,着重介绍中小学心理健康教育课常用的教学方法。心理测量技术、心理咨询技能、团体辅导技术、沙盘游戏疗法等实用技能培训,一般采取理论联系实际,并运用大量案例,从教学特点、评价标准、课程目标、课程设计及授课技巧等方面进行深入分析和讲解,为中小学教师教授心理健康教育课程提供技术支持和教学指导。

图 2-39　教师实用技能培训会

3.开展心理健康教育专题培训。根据顺平县中小学教师的教学特点和特长,结合心理健康教育的学习阶段和水平,"情暖童心"项目心理辅导组分门别类地组织开展了沟通技能培训、团体辅导培训、沙盘治疗系统培训、萨提亚模式培训等专题培训,进一步提升顺平县中小学教师心理咨询和心理辅导的业务能力,促进心理健康教育渗透到各中小学教育教学和日常管理中,如表2-8。

表2-8 顺平县中小学教师心理健康教育专题培训课程表

专题培训	培训课程	培训时间
沟通技能培训	认识沟通	3学时
	沟通的障碍与突破	3学时
	沟通技能的演示与运用	3学时
团体辅导培训	团体心理咨询与治疗理论知识	3学时
	团体成员相关议题	3学时
	团体方案设计与规划执行	3学时
沙盘治疗系统培训	沙盘游戏的理论基础	2.5学时
	个体沙盘游戏操作技术	2.5学时
	团体沙盘游戏操作技术	2.5学时
	沙盘游戏的演示与体验	2.5学时
萨提亚模式培训	萨提亚模式理论介绍	2.5学时
	萨提亚模式咨询理念	2.5学时
	萨提亚个体冰山隐喻	2.5学时
	个体冰山理论的咨询应用	2.5学时

比如,为进一步提升学校心理健康教育水平,大悲中学邀请"情暖童心"项目心理辅导组为其开展团体辅导培训。心理辅导组结合大悲中学的实际情况,以"合作成就未来"为主题,通过四个阶段的活动,指导教师们将团体心理辅导活动更好地融入主题班会。第一阶段,团体暖身阶段。首先学生们进行自我介绍,限定活动的要求,表达对活动的期待,尊重每一个人的需求。鼓励同学们积极参与,通过成语接龙、击鼓传花等小游戏,来打破训练初始的拘谨。第二阶段,合作体验阶段。通过报数、抽签等分组方法,让学生们体验团体的归属感,认识主动融入集体的重要性。在分组竞技比赛阶段,进一步明确合作的重要性、情绪的稳定性对完成任务的影响,让大家看到彼此的努力,精诚团结才能走得更远。第三阶段,团体结束阶段。通过"解手链"等游戏,帮助同学们突破定势思维,明白如何与人进行有效的沟通,学习如何与人合作,在锻炼耐心和毅力的同时,更加懂得持之以恒的道理。第四阶段,总结推广阶段。活动结束后,学生们纷纷表示很喜欢这种活动形式,能够在游戏中认识自我,在合作中凝聚力量,深刻理解"合作成就未来"的精髓,希望团体心理游戏能够在主题班会中广泛推广。

图 2-40　心理辅导工作交流会

比如,沙盘游戏疗法系统培训,详细介绍了沙盘游戏疗法的概念、产生、发展、治疗机制以及使用范围等理论知识,总结梳理了沙盘游戏疗法近年来在中小学心理健康教育中的实际运用、实施步骤和注意事项,指导学员们进行个体沙盘和团体沙盘的实际操作,使学员们亲身接触和体验沙盘游戏疗法的有效性和治疗过程,掌握其操作技能。经过首期系统培训,30 名中小学教师通过了沙盘游戏咨询师初级资格认证,8 名中小学教师通过了沙盘游戏咨询师中级资格认证。

图 2-41　沙盘游戏咨询师(中级)专业能力培训会

4.组织心理健康教育课程教学比赛。为加强中小学心理健康教育教学交流,"情暖童心"项目心理辅导组面向前期参加培训的中小学教师,组织开展心理健康教育课程教学比赛,搭建起展示心理课堂教学艺术和交流学习的平台。比赛现场,参赛老师们紧密围绕"中小学生心理健康""留守儿童心理健康教育"等主题,结合中小学生、留守儿童的学习生活情境,从人际交往、沟通技巧、心理焦虑、情感障碍等角度入手,运用启发式、探究式、案例法、测试法、角色扮演法等教学手段,充分展现了中小学心理健康教育的课堂魅力,进一步提高了心理健康教育课程教学质量。

图 2-42　中小学心理健康优质课程评比活动及颁奖仪式

(三) 帮助顺平县中小学建设心理咨询室

根据顺平县中小学心理健康教育的实际情况和现实需要,"情暖童心"项目组选定实验中学、腰山中学、安阳中学、大悲中学、神南中学、蒲阳中学、实验小学和逸夫小学等八所中小学作为首批试点学校,建设中小学心理咨询室,开设心理健康教育课程,进一步提高中小学生的心理素质,预防和解决中小学生的心理行为问题。

建设中小学心理咨询室,以前期参加心理健康教育培训的中小学教师为智力依托,由华北电力大学心理服务中心提供指导和帮助,由"情暖童心"活动办公室提供基础设施和专业配置。结合八所学校的实际情况,心理咨询室一般配有桌椅、电话、档案柜、期刊架、心理书籍等基本设施,以及学生心理测评系统、团体心理辅导箱、游戏心理辅导包、沙盘类辅助辅导器材等专业配置。

图 2-43　指导中小学心理咨询室建设和应用

中小学心理咨询室建设完成后,在"情暖童心"项目心理辅导组的指导下,经过岗前培训并取得相关资格证书的中小学教师,利用学校的心理咨询室开展个别辅导和团体活动。比如,王文峰老师在学习沙盘游戏疗法后,把团体沙盘游戏应用于班干部培训,经过三个阶段共六次系统培训,发现班干部之间的协作能力显著提升。第一阶段,好奇与熟悉。学生刚刚接触沙盘都很兴奋,也很好奇,这是在做什么?面对学生好奇,王老师耐心解释,静静观察。发现学生在场景制作中,大家各自为政,男生多是展现战争场景,女生多是喜欢卡通形象。开始几次的沙盘咨询,场面有些"混乱",主题也不突出。第二阶段,试探与整合。在经历了好奇之后,学生制作场景开始彼此之间有"交叉"。学生之间的互动开始展现出他们之间的矛盾,都在试探对方是不是可以接受自己的意图。这一阶段,学生之间开始通过沙具进行"交流"。制作完成后,大家也开始讨论自己的"好意"。第三阶段,完善与协作。经过之前五次的冲突与磨合,班干部之间的"任务完成"越来越默契,而且学生也因此而喜悦,也能体会到作为团队一分子的价值与快乐。

(四)对留守儿童提供个别心理辅导和相关培训

1. 对有心理问题的留守儿童进行个别咨询与辅导。针对顺平县各中小学反映的有心理困扰或心理问题的留守儿童,"情暖童心"项目心理辅导组安排专业教师与其进行一对一的沟通,对留守儿童在学习和生活中出现的问题给予直接的指导,缓解心理压力,排解心理困扰,并对有关的心理行为问题进行诊断矫治。对于极个别有严重心理疾病的学生,及时识别并协助监护人转介到专业机构接受诊断和治疗。

比如,安阳中学孤儿崔某某,自幼父母离异,四岁时父亲去世,跟随奶奶生活,性格内向孤僻,产生厌学情绪。其班主任多次沟通无效,希望"情暖童心"项目心理辅导组对其进行心理辅导。心理辅导组安排经验丰富的心理学专业教师,给予其科学有效的心理咨询和辅导,引导崔某某摆脱心理障碍,学会自我调节,学着与人沟通,增强发展自我的能力。经过一个学年的咨询与辅导,其班主任反馈,崔某某学习状态明显好转,待人接物变得自信主动,生活上也表现出积极的阳光心态,并当选为所在班级团支部书记。

2. 面向留守儿童开展心理健康教育培训。邀请儿童心理学专业领域的专家教授开展专题培训,就青春期的身心发展特点、学生常见的心理困惑、必要的学习技巧、怎样看待和处理异性同学关系等问题,从心理学的专业角度进行逐一分析和讲解。邀请优秀大学生志愿者分享成长经历,从树立短期目标和长期目标、以正确的态度对待自己的目标、自主自发为自己的人生努力奋斗等方面对留守儿童进行具体而详细的指导。通过系列培训和分享活动,引导留守儿童进一步明确自己的学习和生活目标,正确看待和处理成长过程中的烦恼和困惑,通过努力和奋斗在未来成为更好的自己,为国家和社会做出应有的贡献。

图 2-44 中小学生心理健康讲座培训

3. "心灵驿站"信箱搭建沟通交流桥梁。为弥补留守儿童家长不在身边的缺憾,华北电力大学的大学生志愿者创建"心灵驿站"信箱,通过书信、电话、短信、微信等形式,搭建起大学生志愿者和留守儿童"一对一"心灵沟通和交流的平台。留守儿童将成长过程中遇到的各种困惑随时跟大学生志愿者进行沟通交流,使得留守儿童生活中的烦恼得到及时倾诉,成长中的困惑得到正确引导,及时纠正和避免留守儿童的行为偏差,对留守儿童的健康成长起到保护作用。

图 2-45 "心灵驿站"建立与使用

六、社会工作服务

随着经济发展以及社会转型,农村青壮年外出务工的人数增多,农村留守儿童行为偏差与犯罪、权益保护与安全等问题也逐渐突显出来。在行为偏差方面主要表现为:有的留守儿童放任自流、我行我素,上课迟到早退、逃课逃学等现象时有发生;有的留守儿童沾染上说谎、讲脏话、吸烟酗酒、上网成瘾、小偷小摸等恶习;有的留守儿童拉帮结伙、打架斗殴、敲诈勒索,经常欺负同学、顶撞老师;有的留守儿童甚至抢劫偷盗,走上犯罪道路。在安全方面主要表现为:农村留守儿童的人身安全和合法权益遭到非法侵害的事件屡屡发生。近年来,农村留守儿童遭遇割伤烧伤烫伤、被猫狗抓伤咬伤、车祸、溺水、触电、中毒、火灾等各种意外伤害的比例远高于非留守儿童,尤其是农村留守女孩遭受伤害的事件较多,严重影响了她们的身心健康和发展。

经研究发现,农村留守儿童生理和心理上还不够成熟,加上家庭环境的不完整和社会规范教育的缺乏,对社会上各种复杂的、不良的社会现象缺乏理性的判断力和足够的抵抗力。在与社会不良人员的接触下,因得不到父母的正确引导和有效监管,一些留守儿童自我约束能力较差,自我行为得不到控制、出现偏差,甚至走上犯罪的道路,自身安全和合法权益也容易受到他人非法侵害或伤害,这对我国农村教育提出了严重的挑战。

(一)明确社会工作服务思路

社会工作是开展农村留守儿童关爱保护的新兴力量,法律工作是健全农村留守儿童救助保护机制的重要抓手,在回应农村留守儿童社会服务需求、促进农村留守儿童全面健康成长中具有积极作用。一方面,社会工作介入农村留守儿童问题,通过关注和改善留守儿童的学习、生活、安全、成长环境,对一些行为有偏差的留守儿童开展行为矫治的个性化服务,帮助其重塑规则意识,更好地融入社会。另一方面,留守儿童问题是社会问题,更是法律问题,其实质在于权利保障,树立以留守儿童为主体的权利保护意识,帮助农村留守儿童增强防范不法侵害的意识、掌握预防意外伤害的安全常识,切实维护好农村留守儿童的人身安全和合法权益。

根据"情暖童心"项目的总体安排部署,社会工作组根据农村留守儿童的成长特点和发展需求,依托华北电力大学法政系人文社科特色资源以及法学、社会工作、公共管理等专业学科优势,充分发挥社会工作的服务保障和法学的权益维护作用,提供优质有效的社会融入服务,增强农村留守儿童社会适应和社会交往能力,帮助有不良行为的留守儿童纠正偏差,提供便捷高效的法律服务,组织开展安全教育和普法宣传咨询活动,为留守儿童及其家庭提供法律援助,营造一个平安、健康、文明、和谐的生活环境,保障留守儿童全面健康发展。

社会工作组在计划制定、资源配置和服务提供等方面,遵循几个基本原则:一是留守儿童中心原则,要围绕农村留守儿童的利益和需求来开展服务,在任何环境中都要最大限度地保障留守儿童的权益,将伤害降低到最小程度。二是个别化服务原则,无论是开展支持性服务还是治疗性服务,都需要尊重每一个留守儿童的独立性和独特性,因需提供个别化支持服务,以实现促进留守儿童健康发展的服务目标。三是助人自助原则,积极鼓励留守儿童参与到服务的过程之中,培养留守儿童主动融入社会的能力,实现自我成长。

(二)社会工作介入农村留守儿童问题

1.组织社会工作服务调研。"情暖童心"项目社会工作组成立专门调研小组,采用调查问卷、个案访谈与观察法等形式,评估顺平县农村留守儿童的生活学习状况及环境支持系统,分析其成长困境及产生原因,以便制定社会工作服务介入的路径与方式方法,改善农村留守儿童的生存现状。

图2-46 社会工作组假期调研走访

2.开展社会工作专题培训。其中,"情暖童心"项目社会工作组邀请社会工作、公共事业管理等专业教师,面向各中小学教师、家长及委托监护人等群体,开展社会工作发展历程与现状、儿童社会工作与心理干预、当前国家帮扶惠农政策解读等为主题的专项培训,有效增进了他们对社会工作及相关政策的认知了解,进一步夯实了社会工作服务基础。

　　其中,儿童社会工作与心理干预专题培训,主要包括社会工作基本理论、留守儿童学习指导、建立师生和家庭良好互动关系、关注儿童心理发展四个方面的内容,详细介绍了当前儿童特别是农村留守儿童社会工作中存在的问题,分析了形成因素,提出了与儿童建立有效沟通的对策和建议,并结合顺平县的实际情况进行了有针对性的讲解和指导,与在座的教师和家长进行了互动交流,老师和家长们纷纷表示受益匪浅,通过培训掌握了一些以前不了解的技巧和方法,对今后与孩子的交流有非常实际的指导意义。

图 2-47　"儿童社会工作与心理干预"主题培训会

　　3.预防矫正不良行为。"情暖童心"项目社会工作组首先加强对留守儿童行为的教育介入、正向引导,通过举办良好行为习惯养成、人际关系与有效沟通、预防网络沉迷等专题教育培训,引导他们自觉规范言行举止。其次,从专业角度评估了解偏差行为留守儿童的需求,帮助其解决实际问题,完善个案辅导和团体辅导,减少甚至预防不良行为的发生。再次,引导留守儿童积极参与到"情暖童心"项目中来,鼓励他们参加关爱残障人士、看望留守老人等志愿服务活动,培养他们的爱心、社会良知和担当精神,对他们的行为也产生潜移默化的作用。比如,神南中学李某某同学,原来贪玩儿、经常迟到、成绩较差,上课做小动作、顶撞教师。经过一年的社会工作服务介入,班主任反映其学习状态好转,从上课状态、作业完成情况等各方面都有改善,成绩明显提高,与周围人的关系也变得融洽。

图 2-48 文明上网,健康成长——青少年网络安全知识讲座

(三)开展安全普法宣传和法律援助

1.开展安全教育宣传。切实维护好农村留守儿童的人身安全,是确保其享有受教育权、发展权的前提条件。"情暖童心"社会工作组特别关注农村留守儿童安全问题,采用安全教育宣传入乡里、进农户等方式,普及中小学意外伤害事故的防范与应对措施、突发事故的责任认定等知识,帮助农村留守儿童及家庭增强防范不法侵害的意识,掌握预防意外伤害的安全常识。

图 2-49 "科普进万家,惠及你我他"科普宣讲活动

2.开展普法教育宣传。"情暖童心"社会工作组组织二十余名法学专业师生开展普法教育宣传活动,进校园、上街道、入村户,摆放宣传展板,分发法律宣传资料,向来往群众普及未成年人在家庭、学校、社会等方面的法律常识,让群众把法律知识带回家。

图 2-50 法律宣传咨询活动

社会工作组还通过讲座、培训的形式,面向中小学生、家长、教师等开展法制宣传教育,家校联手为儿童的成长筑起保护围墙。比如,未成年人犯罪的预防与应对主题讲座主要包括未成年人犯罪的认识误区、具体特点、原因剖析和预防应对等四个方面内容,结合实例从个人因素、家庭因素、学校因素和社会因素等方面对未成年人犯罪现象进行深入分析,并就事前预防与事后应对与参加人员进行交流探讨。学校与学生之间的法律关系专题培训,主要对学校与学生之间的法律关系进行深入分析和讲解,对学校管理和法律意识增强提出意见和建议,并就参加人员提出的具体问题进行有针对性的解答。

图 2-51 校园法制讲座

3.无偿提供法律援助咨询。设立普法咨询台,法学专业教师现场提供法律咨询服务,详细解答了劳动保障法律法规知识、外出务工权益保障、留守儿童权益法律保护等方面的问题,并为部分外出务工人员、留守儿童家长提供了法律支持和法律援助。比如,2013 年,社会工作组受理法律咨询和法律援助申请达 300 余件,切实维护了留守儿童及其家庭的合法权益,为留守儿童的健康成长营造了良好的社会环境。

图 2-52　法律援助咨询活动

(四)提升社会工作服务效能

1. 成立外出家长后援会。对于顺平籍外出务工家长相对集中的城市,建立外出家长后援会,将在该城市打工的家长组织起来,互帮互助,使外出家长在打工过程中遇到困难时有所依托。华北电力大学充分依托校友资源,让热心的校友做家长后援会的后盾,随时向他们提供帮助。顺平县政府部门结合顺平县产业特色,为外出家长提供相应技能培训,联系当地企业,就近为家长提供就业机会,争取从根本上解决儿童留守问题。

2. 助力当地经济发展。"情暖童心"项目积极开辟多种途径助力顺平县改善民生、发展经济,吸引当地劳动力就近就业,力图从根本上解决留守儿童问题。华北电力大学积极联系和学校关系密切的高新技术企业到顺平县进行投资洽谈,帮助顺平县政府招商引资。充分发挥能源学科优势,以新能源设备供应和科技教育扶贫服务相结合的方式,从帮助顺平县贫困山区解决用电问题着手,探索开展能源解困、能源脱贫行动。

图 2-53 "情暖童心"项目爱心企业对接恳谈会

3.丰富当地文化生活。"情暖童心"项目在开展过程中积极融合社会工作力量,根据当地文化生活需求,募集到大批彩色电视机、电脑等物资,用于顺平县中小学和农村老年人幸福院,极大地缓解了当地缺少电视机、电脑的现状,增强了中小学教育教学手段,开阔了顺平县青少年视野,引导他们正确认识社会,树立正确的人生观和价值观,同时丰富当地人民的文化生活,提高生活质量,促进老年人健康愉快地生活。

图 2-54 一次性捐赠 200 余台彩色电视机

第三章 "情暖童心"教育精准扶贫实践双向育人项目实施效果及启示

华北电力大学始终秉承"办一所负责任的大学"的办学理念,全面贯彻落实立德树人根本任务。"情暖童心"教育精准扶贫实践双向育人项目既是华北电力大学履行服务社会使命、回应精准扶贫国家战略和地方社会需求的积极行动,也是高校构建高水平人才培养体系、培养德智体美劳全面发展的时代新人的探索实践。一方面,华北电力大学"情暖童心"行动以促进学生成长、服务基层发展双向受益为目标,让学生在实践育人的沃土上受教育、长才干、做贡献,将学生培养成为中国特色社会主义的合格建设者和可靠接班人;另一方面,该项目对接精准扶贫需求,推出若干项教育扶贫措施落地落实,实实在在服务于群众、服务于当地发展。在这一目标指引下,该项目坚持问题导向,实现了当地需求与学生成长的"双聚焦",奋力推进服务群体与学生的共同成长、互惠共赢。

为了总结经验、固化成果,做好新时代教育帮扶向助力乡村振兴的转变,华北电力大学对"情暖童心"工作进行了全面梳理和系统评估。过程中重点将参与活动的主体大学生和作为被帮扶主体的顺平县(受助儿童、家庭、学校)作为评估对象,以实现双向受益为目标,对工作的执行效果从事实效应和价值效应两个维度进行追踪性和整体性实证评估。

第一节 对大学生的影响效果

大学阶段是人生发展的黄金期。学生在大学阶段要掌握丰富的理论知识和熟练的实践能力,更要注重世界观、人生观、价值观的培育。高校开展实践活动,既要立足于学生深化专业所学、提升专业能力,又要推进引导学生自觉践行社会主义核心价值观,树立远大理想,立志成长成才。"情暖童心"创新实践途径,以"双向受益"为原则,引导大学生在服务社会、经受锻炼的同时深化所学、体现价值。在校学生在实践过程中加强对国情社情的深刻领会,进一步提升专业应用能力,同时依托实践项目开展创新创业,在校园内形成良好的文化氛围,吸引更多的人参与其中,进一步推进了高校完成立德树人教育根本任务,取得了良好效果。

一、乘风破浪:在实践中坚定理想信念

"情暖童心"实践行动对参与大学生产生了全方位的影响,特别是对大学生坚定理想信念、锤炼意志品质、锻炼沟通交往能力以及增强社会责任感等都产生了重要作用。青年大学生通过深入顺平县山区和农村留守儿童接触,亲眼看到、听到、感受到山区农村教育的实际状况、农村孩子的生活状态以及实践活动带给当地孩子的知识和力量,对于很多来自城市、不太了解农村的大学生产生了较大冲击,激发了自己要为孩子们多做一些事情的信念。曾有一位参与"情暖童心"实践项目的大学生在结对活动中说:"被需要,是一种幸运,这种幸运让我看得更远。"参与"情暖童心"实践行动所带来的归属感与成就感,进一步促使学生主动利用所学,尽己所能,以强烈的使命感和责任感去服务国家、服务社会。通过实践感知青年使命,"情暖童心"项目引领学生主动承担社会责任,在实践中进一步坚定理想信念,厚植家国情怀,进一步树立远大理想,将个人成长与国家发展紧密结合起来。

"坐在教室里的我们其实很难想象那些贫困山区的孩子们的生活是什么样的。"

"我自己是从城市里长大的,经常会从电视、新闻上看到国家讲乡村改造和扶贫,但是那个时候其实很难有深刻的体会。"

"自己亲身参与到'情暖童心'的这几年,我们一边在做着自己的工作,一边也在见证顺平的变化,我觉得对我来说冲击力很大。"

"我觉得这比课堂上听再多、看再多都有意义。"

——多名参与"情暖童心"行动的大学生在实践日记中写道。

高校肩负培养德智体美劳全面发展建设者和接班人的使命,主动加强和引导大学生关注时事、关注社会、关注国情社情是高校的责任和使命所系。华北电力大学实施"情暖童心"实践行动,搭建了大学生了解社情国情民情的平台和桥梁。学校积极引导青年学生深入基层调研,坚持知行合一,了解社情民意,不断增强大学生的社会责任感与使命感。一方面,开展整体情况全面调研,联合顺平县政府、教育局成立专项调研团队,开展全面的留守儿童基本情况摸排工作,精准掌握了顺平县留守、贫困、残疾儿童的总体情况,将其汇总成留守儿童基本信息库。在全面摸排的过程中,大学生亲自走到大山深处,认识到当代中国的基本国情民情,加深了对自己肩上重任的认识,增强了服务社会、贡献社会的责任感和使命感。另一方面,在依托当地教育部门开展实地调研的基础上,大学生在具体帮扶过程中,通过与帮扶对象(小学生、老师、孩子监护人等)的面对面沟通,以口述记录、实地家访、田野调查等方式更深入地了解留守儿童的学习状况、性格特点、家庭条件、亲属关系、身心状况等详细情况,并在此基础上进行精准分类。在这一过程中,大学生目睹了留守儿童的生活现状,了解了他们对未来生活的美好期望,提高了青年学生对社会主义核心价值观的认知和建设中国特色社会主义社会的践行能力。

不仅如此,参与"情暖童心"行动的学生从自身的服务活动以及与其他志愿者、服务对象和社会公众的交往中感受到奉献的力量,对责任有了更加深刻的认识,逐渐培养出对他人、对社会的深厚情感,逐步由对自我负责的思想认识转变为对家庭、对社会和对祖国的责任意识,进而决心为促进社会进步、国家发展奉献自己的力量。"情暖童心"实践行动的大学生参与者在服务孩子们的过程中,逐渐被同辈群体相互之间的无私奉献精神所感动,在服务他人、服务社会的过程中不断感受到自我价值实现带来的快乐,体会到奉献精神、志愿精神的精髓,逐渐培养强化了奉献精神和乐于助人的品德修养。即使在离开实践服务队,走出校园生活工作后,养成的这种精神、品格依旧体现在他们工作和生活的方方面面,对人生发展都产生了深远的影响。

"在参与'情暖童心'以前,我从没有想过自己有一天居然会选择到新疆来支教。我觉得'情暖童心'的经历让我看到了很多普通人对家庭、对社会的责任感。所以自然而然地,我也想为国家做一些力所能及的事情。"一名研究生支教团成员这样说,像她这样受到"情暖童心"感召而选择投身基层、投身一线的华电毕业生还有很多。

数年来,"情暖童心"实践队的成员在离开校园后纷纷投身一线,在祖国大地的各行各业默默奉献、兢兢业业、初心不忘,青春火焰在基层岗位燃烧,奉献在脚踏实地中践行,"情暖童心"的精神始终伴随着他们,为人生装点别样的色彩。

据相关统计数据表明,在参与"情暖童心"项目的在校大学生中,79.34%的同学明确表示进一步增强了社会责任感,具体表现为更加关注时政热点、更加坚持公平正义、更加注重团队合作、更加坚定对党的信念等。88.9%的学生在实践中进一步加深了对国情社情的了解,通过实践树立起了自己的远大理想,更增添了成为中国特色社会主义事业的建设者和接班人的信心和力量。

自2013年"情暖童心"项目走入顺平县,实践队员亲眼见证了党和国家带领人民群众"精准扶贫打赢脱贫攻坚战"到"全面推进乡村振兴"的整个过程。从顺平县一个小小的缩影,广大学生亲眼所见、亲身经历国家社会发生的巨大变化,感受脱贫攻坚取得历史性成就,这种对内心的冲击和震撼是书本上学习不到的,是无法用理论替代的,进而让学生更加深刻地理解了中国共产党为什么能、中国特色社会主义制度为什么好。曾有位大学生参与者在微信朋友圈留言:"'情暖童心'让我进一步懂得为什么我们国家能够如此紧密地团结在一起,在党的领导下一步一步走出世界瞩目的中国成就。我特别荣幸自己能成为这支队伍中的一员,成为中国成就、中国奇迹的参与者。我会更加努力奋进,练就过硬本领,把青春奉献到党和人民最需要的地方。"

"情暖童心"实践行动着眼于世情、国情、社情,在回应国家和社会需求的同时,把培养符合党和国家、社会需求,具有创新与实践精神、强烈的社会责任感的青年作为人才培养的使命,让青年学子真正投身到社会的熔炉里进行锤炼和锻造,在实践过程中增强了爱国、爱家、爱人民的责任感和使命感,增强了青年学生坚决拥护党和国家方针政策的决心,更培养了学生扎根基层、自我实现的远大理想,使学生进一步将个人成长与国家发展紧密结合,坚定了其在服务社会、奉献青春的过程中实现人生价值的信念。在2022年保研支教团面试时,一位大学生谈道:在顺平县支教的经历,为我选择奔赴新疆进行为期一年的支教生活积累了宝贵的经验,也为我的人生增添了浓墨重彩的一笔。

实践者("情暖童心"参与者ZWQ)小故事:2015年7月份,我跟随电力系参与了"情暖童心"暑期实践队去到顺平大悲中学开展了为期一周的志愿服务活动。

第一次走进保定顺平县大悲乡中学时,眼前的情景让我久久不能忘怀。学校操场是泥土夯实的,老旧的课桌椅吱吱作响。

亲眼看到大山里留守儿童的学习生活状况,激发了我内心深处强烈的情感。假期支教接近尾声,孩子们恋恋不舍,用稚嫩的声音问:"哥哥,你们以后还会再来吗?""会的,一定会的!"我也毫不犹豫地许下约定。这沉甸甸的约定,让我坚定了以后的目标。

从本科到研究生,持续了六年,我参与学校和社会各类志愿服务工作,累计达 3000 余小时。在协助学校组织"情暖童心"社会实践活动时,我号召同学们积极加入,一次次为山区的孩子们,送去学习用品、生活物资、取暖设施等。2018 年,在学校的大力支持下,我和同学们为顺平县筹建了第一所乡村实验室——"电力之光"科学教室,让山里的孩子们同样能享受到城市里的教育资源。

我本人学习的专业是电力工程,毕业后可以选择到国家电网工作,收入也算可以,但想到之前的孩子们,我改变了想法。本科一毕业,我就选择到新疆达坂城支教工作,希望用自己的微薄之力帮助更多的孩子们。

一天,我的手机 QQ 上收到了一条消息:"文琦哥,我现在考到北京上大学了。今天申请成为了大学生志愿者,今后我也要去帮助更多的人!"这条来自大悲乡山里娃的消息,让我心里涌动着莫名的感动,我突然间明白:志愿服务,远非一次偶然的邂逅,而是一项薪火相传的崇高事业。

二、学以致用:在实践中边做边学

知识的掌握需要课堂的学习,也需要实践的沃土。"情暖童心"实践行动以教育作为主要立足点,对如何发挥学生专业特长、延展专业实践性进行了充分考量。一方面,在实践过程中加强不同专业学生的个性化分类,引导学生立足专业所学,发挥专业优势,将课堂知识转化为解决实际问题的能力;另一方面,引导学生及时总结实践行动,汲取丰富的实践经验,发现不足查漏补缺,用第二课堂实践反哺专业所学,真正做到学以致用、用以促学,进一步深入探索所学专业,立体化专业知识和能力,完成自我丰富、自我成长。

(一)发挥学科优势,把专业所学应用到实践中

"当我站在那些孩子面前,给他们讲起我在课堂上听我的老师传授给我的知识时,有一种很奇妙的感觉,像是一种接力赛。我给他们做这次活动的时

候,自己需要花很多时间去准备课件,花心思备课。在这个过程里,我的专业知识得到了一次全面的检验,我也对专业有了更深刻的理解。"一名法学专业的学生在结束了一次普法专题教育活动后,曾经这样说。

专业知识的掌握既需要系统、全面的课堂学习,也需要相应专业的社会实践促进知识的深化和提升。大学阶段,学生接受知识的渠道一方面是在日常的课堂上,另一方面也需要第二课堂(课外活动、社会实践、志愿服务等)补充发力。在"情暖童心"实践行动中,从顶层设计到具体活动开展,华北电力大学始终坚持紧密结合不同学生的专业特点,将文、理、工不同专业的学生都纳入实践队伍,根据专业进行不同分工,充分将学校的学科优势、学生的专业特长和社会的需求相结合,结合学科特色和专业优势组建专业化教育扶贫团队,分别抽调专业学生骨干成立了"社会工作组""心理辅导组""志愿服务组""网络信息组""综合组"等专项工作组,系统开展教育帮扶工作,让学科背景各异的学生在交流中开阔专业视野,促使不同专业的学生能够在活动中发挥自身专业优势,有重点地解决农村留守儿童学生存在的各种问题,引导不同院系的学生通过实践检验所学、应用所学,学生们不仅进一步巩固了在课堂上学习的知识,更从实践中进一步探索了专业内容,使知识立体化、具像化。

以学科专业为基础、以社会需求为导向、以实际应用为途径、以能力培养为目标,"情暖童心"系列实践行动进一步丰富学校人才培养模式,在推进实践育人探索上取得了良好的效果。据相关数据统计,在顶层设计方面,79.81%的大学生志愿者认为活动方案制定需要充分考虑不同专业的特点和优势,需要结合专业所学做好前期授课、辅导的准备工作,以便在实践中有针对性地开展工作;在活动的具体实施过程中,有85%参与行动的学生认为所学专业知识得到了实践应用和进一步巩固,84.29%的受访大学生对自身专业相关知识的理解得以深化,35.99%的受访大学生表示,参加"情暖童心"实践行动使自己对所学专业有了更加深厚的兴趣,更加热爱自己的专业。

(二)实现实践促学,在实践中反哺专业所学

在实践中发现知识的匮乏和不足,大学生进而需要加强专业知识的学习和充电。比如,在建立"电力之光"科学实验室时,为了保障科学实验课程的内容准确,电力系、动力系等多个院系专业的学生需要花费大量时间查阅相关资料,但发现仍有一些知识是自己掌握得比较模糊、不能完全确认的。为了完

成科学课程体系的建设和"电力之光"能源实验箱的设计,学生们积极向专业教师们请教,不仅高质量推进了活动的开展,也在实践中发现了自己在专业知识上的不足。而类似的事情,在"情暖童心"实践行动中的每个环节上都有所体现。

实践为学生及时总结所学、发现专业能力上的缺口提供了良好的渠道和机会。"情暖童心"实践项目包含的丰富多彩的活动,不仅进一步推进学生了解社会、开阔视野,更使学生进一步完善了自己的知识结构,拥有了更多的机会发现问题,学习如何解决问题。从前期进行调研到后期实践开展,华北电力大学引导学生在每个阶段及时总结经验,发现问题和不足,鼓励学生在参与实践活动的过程中就自己遇到的难题进行科学分析,从专业学习的角度查漏补缺,进一步完善自己的知识结构,真正使实践与专业学习相辅相成。正如一名参与活动的大学生在访谈中讲道:"在参与'情暖童心'的过程中,我们需要考虑多方面的事情,包括课程和活动的内容、形式,尽可能发挥自己的创意来设计课程和特色活动。同时作为一个法学专业学生,我也意识到了普法工作的必要性和难度,能在志愿服务活动的同时向孩子们普及法律知识,让他们学会用法律的武器保护自己,这让我觉得十分有意义和有价值。"

实践者小故事:("情暖童心"参与者 ZRX)我是 2015 年参加的"情暖童心"活动,参加这个活动,一来它属于社会实践的内容,而且这个项目也是我们学校持续了很多年的,所以有机会参与其中,其实我个人还是愿意的,那会儿我刚刚上大二,能够有机会去做一些之前在初高中学习中没有接触过的公益实践,让我觉得也是比较新鲜的,同时在我看来,就是通过这样的活动,我们还能够跟本院系或者是其他院系的小伙伴们一起去组织、策划、实施一些实践活动,这个过程对我们来说也是非常难得的。

当时我负责的具体工作有两个方面,第一个方面,我做过几次组长,带领成员们去开展活动。从方向上、课程设计上做一些宏观性的指导。另一方面,我也会参与到课程的讲授和课程的实施中。可以说,"情暖童心"活动对我影响还是蛮大的,一方面因为我本身就是社会工作专业的学生,我们平常在上课的时候也会讲到一些个案,还有一些小组研究的社会工作方法,参与"情暖童心"其实是给了我将专业知识结合具体的实践去融会贯通的一个机会。除此之外,对于我个人来说,在参加活动的过程中,比如说组织策划,还有一些表达方面的能力提升也有很多帮助,这些其实当时并不是那么立竿见影的影响,但是确实锻炼了我这方面的一些实力,对于我日后的工作的帮助还是挺大的,特别是我现在在律师行业,面对各种各样的当事人,其实是需要我们去共情,去站在用户的视角去为他们提供解决方案的。那么这个跟当时我们作为团队的队员、队长,站在学生的角度为他们去设计课程,其实有异曲同工之妙。

三、举一反三:创新创业带来改变的力量

"情暖童心"实践行动的开展,充分将学校的学科优势、学生的专业特长、社会的需求相结合,有效推动了学生的知识创新和技术创新,不仅使"情暖童心"成为校园内一个瞩目的品牌特色活动,更为系列创新创业成果的产出提供了良田沃土。

一名社会工作专业的学生在分享创新创业经验时说,"我本来对创新创业的了解只停留在一句'大众创业、万众创新'的口号上,因为自己是文科生,也很难想到自己会和创新创业有什么联系。后来在大学,我听说了'情暖童心'这个活动,也在暑假的时候报名做了志愿者。当我看到一些学长学姐通过这个项目凝练出了自己的成果的时候,我突然觉得创新创业离我并不遥远,我也完全可以用自己在实践中学到的东西做感兴趣的事情。从那时开始,我就开启了自己的创新创业之路。"

随着多年来的实践与探索,在多方共同的努力与支持下,华北电力大学"情暖童心"实践行动受到了当地政府、学校和家庭的一致好评。同时也激发了学生的创新创业兴趣,提高了大学生的创新创业能力,实现了科技研究成果在现实生活中的转化应用。

据统计,在"情暖童心"实践行动的基础上,数百人以实践为依托,通过对实践项目进行进一步凝练,斩获多项创新创业竞赛重量级奖项。其中,《河北省农村留守儿童生存现状及未来发展研究》调研报告荣获河北省大学生"调研河北"社会调查活动特等奖,并被纳入河北省社会科学发展民生调研课题,还由此发表了许多高水平的专业论文和高质量的授权专利;《高校、政府、企业协同联动解决农村留守儿童发展问题研究》项目荣获"挑战杯"全国课外学术科技作品竞赛二等奖;在互联网+、大学生创新创业实践等竞赛中也不乏"情暖童心"的身影。

"情暖童心"实践行动带动了大批创新创业成果的产出,在校园内引起了广泛的关注,带动和激励了广大师生投身创新创业的巨大热情和动力。校内形成了良好的创新创业宣传氛围,成为更多新项目、新点子的摇篮。相关调研数据显示,92.6%的学生表示,自己在活动的带动下产生了对志愿服务或创新创业赛事的兴趣。自2013年"情暖童心"实践行动开展以来,相关实践成果在"挑战杯""调研河北"等课外学术竞赛、志愿服务大赛中获国家级奖项16项、省部级奖项9项。与此同时,校园内"创青春""互联网+"等竞赛参与人数逐年递增,创新创业项目雨后春笋般落地生根。其中,华北电力大学计算机专业大学生依托专业所学,帮助顺平县教育部门开发了"情暖童心"专题网站和农村留守儿童动态管理信息系统,受到了当地政府的一致好评。法政系社会工作专业的学生在"情暖童心"实践行动中积极探索,及时总结凝练,探索实施了"社工、社区、社会"三社联动的关爱受助群体工作机制,在更多的社会科学研究中进行了广泛应用,形成了较大的社会影响。

四、以文化人:引领校园文化育人新风尚

华北电力大学将"情暖童心"的春风吹进校园,通过专题宣传、编印文集、拍摄视频、开展分享会等多种途径,在校园内营造良好氛围,使更多的学生了解和参与到活动当中。"情暖童心"有关的文化产品在校园内广泛流传,在学生中的影响力不断扩大,激励了更多的大学生参与公益,投身实践,丰富了思想政治教育载体,使得高校立德树人根本任务有了更多的支撑点,也践行了办"一所负责任大学"的理念。

(一)增强践行社会主义核心价值观的自觉

"大家看,这就是我们在顺平建立起的'电力之光'科学实验室,我们建设的'七彩课堂'包含着非常多的科学实验课程,为了能够将这些课程讲好,我们需要自己先搜集资料……"在华北电力大学社会实践成果交流中,"情暖童心"实践队的代表成员正在对实践队的成果进行精心的展示。更多的人通过这次路演认识了"情暖童心",而一个又一个新的故事也从这里起航。

华北电力大学始终坚持立德树人根本任务,将育人作为"情暖童心"行动的落脚点。在今年暑期社会实践总结分享会上,一名大学生说道:"我在上课时问到孩子们最大的梦想是什么,然后一个孩子说他的梦想就是将来要上华电。在那一瞬间,我就感觉到了支教的意义,那就是通过自己的力量去影响这些孩子,改变孩子。原来这正是我们实践的价值和意义所在。"可以说,"情暖童心"实践是一堂生动的思想政治教育课程,它潜移默化地引导教育大学生热爱祖国、热爱人民,同时加深了他们对奉献精神的理解,激励他们主动投身实现中国梦的伟大征程中的信念,坚定了为新时代奋斗,做一名新时代无私的奉献者的信念。

(二)提升校园文化精品的育人实效

学校不断加强育人载体和渠道建设。基于"情暖童心"实践行动,华北电力大学以路演活动、文案出版、影像展览等形式对行动内容和成果进行呈现,引起了大学生的广泛关注。比如,《情暖童心 蔚爱童行,我们在行动》《点亮希望梦,扬帆正当时》和《盛开的太阳花》等一批文化精品在大学生中圈粉无数。"情暖童心"实践行动已成为华电学子自觉培育和践行社会主义核心价值观的一面旗帜,激励了更多大学生主动投身公益、参加实践,使更多的学生树立起正确的世界观、人生观和价值观,塑造了他们高尚的道德品质和健全人格。

华北电力大学实施的"情暖童心"教育行动,一方面承担了在全面建成小康社会、打赢脱贫攻坚战的时代背景下,高校应当积极承担和践行的社会责任;另一方面,华北电力大学积极推进实践育人,将高校学生纳入工作队伍,一批批大学生参与者在一次次解决问题、战胜困难过程中不断提升了个人的综合素质。在高校应当"培养什么人、怎样培养人"的实践过程中,探索了一条行之有效的育人新路径,既弘扬了办"一所负责任大学"的办学理念,又彰显了"双一流"建设高校的时代担当。

第二节　对服务对象的影响效果

教育精准扶贫是脱贫攻坚的优先任务和教育事业发展的重点工作。高校作为一支重要的力量,如何在其中发挥作用是一个重点课题。"情暖童心"项目立足顺平县当地实际情况,将经济助困和智力扶持紧密结合起来,将教育帮扶作为重点,精准对接当地留守儿童和学校资源,通过一系列措施实现"扶智"与"扶志"相统一,切实提升了留守儿童的学习效果,引导受助学生树立远大理想,坚定奋斗的信心和力量。同时,有效改善提升了当地的教育质量与水平,不断推动实现教育公平的伟大时代目标。

一、为受助儿童撒播梦想和希望的种子

华北电力大学结合能源电力学科特色,发挥学科与人才的双重优势,以"扶志+扶智"为工作重点,一批批教育扶贫实践队共同走进大山,带去了大量科教设备、科学读物;开设感恩教育课程、爱国爱党教育课程,在孩子们幼小的心灵埋下科技强国、立志报国的种子,引导受助学生确立远大的人生理想,立志成长成才,助力学生扬梦想之帆。

(一)扶智:帮扶学生学业成效显著

一位留守儿童的奶奶曾经这样对当地的老师说:"我们家小孩爱玩,对于学习不太上心。他父母也不在身边,我平时照看他,也辅导不了他学习。但自从孩子参加了'情暖童心'活动,大学里的小老师们来了以后,孩子和老师交流多了,明显对学习有兴趣了。这个年纪的孩子,只要愿意学,成绩肯定有效果啊。"

顺平县实验中学 LW 老师向华北电力大学团委负责的老师反馈道:"大学生志愿者和老师们在帮扶中对孩子们悉心照顾、正确引导,长期下来,孩子渐渐端正了学习态度,慢慢融入了整个课堂教学中,这成绩能不提升吗?"

"情暖童心"实践行动始发于对留守儿童教育的关注,在对当地的留守儿童开展学业帮扶的基础上,通过在大山深处开展科学实验课、建立"七彩课堂""电力实验室"和网络教学平台等,切实提升当地学生的学习热情和兴趣,有效提升了学生的学业成效。

通过对当地参与过"情暖童心"实践行动的留守儿童进行调研,68.5%的学生认为"情暖童心"实践行动使自己有了更好的学习习惯,87.63%的学生提升了专注水平,96.4%的学生的学习主动性有所增强,80.41%的学生认为"情暖童心"实践行动使自己对学习有了更浓厚的兴趣。总的来说,受助儿童通过"情暖童心"实践行动,学习兴趣、学习能力得到了一定的提升。在与当地学校进行沟通中也了解到,参与"情暖童心"实践行动的留守儿童学习成绩整体呈不断上升的趋势,与未参与行动的学校相比,明显其成绩更好、提升更多。顺平县导务小学的葛校长说,参加活动的孩子变得外向了,之前有厌学的孩子也喜欢学习了,小手工制作、实验器材等都激发了孩子们对学习的兴趣,甚至还会跟志愿者老师主动沟通、交流学习上不懂的问题。

实践者小故事:(夏文轩,连续五年参加"情暖童心"活动)在北神南小学的活动回访中,一名六年级的小学生说:我从一年级开始就一直参加"情暖童心"活动,一年也没落下。此前在三年级时,学习成绩在班级排到中间位置,现在学习成绩能排到班里(年级)前三名了,虽然六年级以来,学习压力大了一些,但是"情暖童心"的经历,尤其在和大哥哥大姐姐交往中和他们学习到的一些思维方式,对我做数学题很有帮助,感觉也不是太费劲了。

(二)扶志:志存高远筑梦美好未来

科技领航梦想,有"智"更要有"志"。"情暖童心"实践行动以科学技术为主要手段,既能保障学生学习能力有所提升,又能引导学生建立人生理想,立志成长成才,为贫困地区学生扬梦想之帆,真正发挥教育扶贫作用。在将丰富的知识带进山区的同时,通过"给未来的一封信""我的梦想主题作文""大学校园感知"等活动,引导贫困地区学生,特别是留守儿童群体努力学习科学文化知识,树立远大理想,走出大山深处。山里的孩子们通过志愿者了解到外面的世界,以前觉得遥不可及,现在通过志愿者感觉很真实,好像自己努力的话就可以触及外面更大的世界。

经过调研统计,服务地受助孩子中有61.34%的学生在经历过"情暖童心"实践行动的帮扶后,对个人未来有了较为明确的方向和目标;65%的学生的学习热情有了明显提高。

实践者小故事:一名受访小学生在参加活动后对大学生哥哥说:"参加'情暖童心'的老师都对我们很好,我长大以后也想教书。"中粮希望小学的安校长跟华北电力大学团委老师聊天时还在说,"这些孩子不仅是学习成绩的提升,更是做人意志品质的提升。我们也知道,村里的孩子们都比较封闭,也没出过几次远门,他们的视野难免受限制,优秀的人来到这里,相当于给他们打开一扇窗户,让他们也看看外面的世界是什么样子,从心里对外面的世界有了向往。"

二、为服务地教育公平发展提供有效助力

在顺平县开展教育扶贫的过程中,华北电力大学充分利用在科学研究、人才培养、大学生志愿者等方面的资源优势和基金支持,在多方运作下共同打造关爱活动阵地,促进当地7800余名农村留守儿童健康发展的同时整体提升当地的教育水平和教学质量,为当地发展公平而有质量的教育做出了重要贡献。

（一）优化资源配置，促进教育公平

在"情暖童心"实践行动中，华北电力大学坚持扶贫与扶智、扶志相结合，持续对顺平县28个贫困村的中小学教师、儿童家长以及留守儿童开展全方位的培训，提升当地的教育水平，改善教育环境，使更多留守儿童拥有公平成长的机会。通过长期开展志愿服务、助力顺平县政府招商引资等方式，坚持学校、政府与企业优势资源共享、互补，以高校提供人力和物质资源、政府引进资源并给予政策支持、企业提供资金支持为主要渠道，推进优化当地教育资源配置，进一步助推了教育公平。

孩子们是最直接的受益者。在华北电力大学召开的"情暖童心"活动反馈会上，校团委张老师介绍，中粮希望小学负责老师跟她说："'情暖童心'活动是对学校教育的补充，我们是乡镇小学，条件也比较艰苦。老师也不是很多，音乐体育美术课老师都是兼职老师，也不是很清楚这些东西应该怎么教。但是咱们每次来的华电学生都是多才多艺的，可以带着学生一起学习。还记得前年，有个会弹吉他的小伙子来了现场教孩子们弹吉他。孩子们说，以往这都是从电视上才能看到的，日常生活中根本接触不到，现场教学激发了孩子们对艺术的兴趣。"

实践者小故事：一名大学生回忆：在一次科学实验课结束后，一个10岁的小女孩拉住了志愿者的衣角，记得这个女孩上课听讲时特别认真，"谢谢你们带来了很多我以前没见过的东西，也让我了解到了更多我没接触过的知识。你们来了以后，我很向往你们说的那种生活，我一定要好好学习，以后也要成为哥哥姐姐们那样的人，然后再回到这里，也让更多人到外面世界去看看"。

（二）强化师资培训，提高教学质量

"情暖童心"实践行动在对口帮扶的同时注重对当地整体教学质量的提升。行动持续对顺平县28个贫困村的中小学教师开展全方位的心理健康教育专题培训，并利用多方资源，打造关爱活动阵地，扩大教育扶贫力量。在活动开展期间，项目对当地教师累计1600人次进行培训，建设相关咨询室23个。通过"情暖童心"实践行动的开展，当地教师亲身参与到活动当中，感受到学生的提升与变化，同时其教学方法、教学策略得到有效改善。

实践者小故事:北神南总校的冉校长一见到实践团带队老师后,就激动地说,"这个活动特别有意义,我们家属就是受益者"。原来,冉校长的爱人也是顺平县的一名教师,此前按照活动安排参加了"情暖童心"心理健康教育工作组开展的心理健康教育系统培训,培训会后在自家孩子的教育方面,有了科学的方式方法,教育孩子比之前更有效、更科学了。

第三节 项目的社会影响

华北电力大学充分发挥自身优势,弘扬践行社会主义核心价值观,在全国扶贫开发工作重点县——河北省顺平县开展"情暖童心"公益行动,促进了当地 7800 余名农村留守儿童的健康发展,增强了青年大学生的社会责任感和实践能力,取得良好社会成效,得到了社会各界的广泛肯定和认可。

社会影响日益彰显。高校、政府、企业协同联动关爱农村留守儿童活动的深入开展,得到了上级部门和领导的肯定认可。2014 年教育部第 36 期简报,专题刊发《华北电力大学实施"情暖童心"公益行动,促进农村留守儿童与高校学生双向发展》,给予了项目"促进农村留守儿童与高校学生双向发展"的高度评价。时任国务院扶贫办中国老区建设促进会联络部部长王炳国评价道:"为促进全国贫困志愿活动的发展,应大力动员各方面力量,此想法很好,应给予大力支持。"此外,"情暖童心"系列活动也得到了保定市政府、顺平县政府以及相关教育主管单位的高度认可和大力支持。

与此同时,"情暖童心"行动探索形成的"三位一体"教育精准扶贫模式,凝练总结了《高校、政府、企业协同联动解决农村留守儿童发展问题研究》《教育扶贫与留守儿童关爱体系建设》《发挥高校优势构建关爱留守儿童长效机制》等调研报告和学术论文,得到了包括中共中央调研室崔禄春研究员、中国社会科学院数量经济与技术经济研究所所长李平教授,中国政法大学学科带头人黄震云教授等众多专家学者的认可。

重要媒体广泛关注。"情暖童心"行动实施以来,得到了社会各界的广泛关注,特别是得到一些重要媒体的关注和报道。其中,《人民日报》、《中国青年报》、《中国教育报》、人民网、新华网、光明网、中国青年网、中国教育新闻网等重要权威媒体分别进行了深入采访、报道,并对该项目给予了"具有高度的

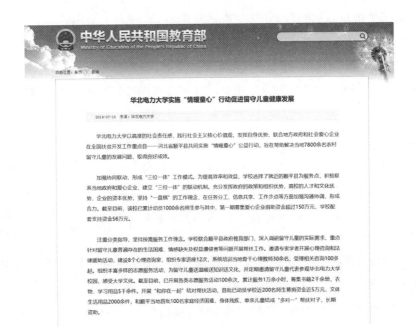

图3-1 教育部简报报道

社会责任感,践行社会主义核心价值观"的评价,产生了广泛社会影响,进而带动影响更多关注关心乡村教育和留守儿童的社会各界加强支持,推动该项目长期开展下去,惠及更多贫困地区的留守儿童。

图3-2 人民网、《中国青年报》报道

附:"情暖童心"项目部分获奖情况

1.2021年12月:"情暖童心·科技筑梦"关爱留守儿童实践团获评2021年全国"三下乡"社会实践活动优秀团队;

2.2021年6月:"情暖童心"服务队获评李保国志愿服务省级先锋队;

3.2020年1月:"情暖童心"教育精准扶贫实践育人行动获批全国高校思想政治工作精品项目;

4.2019年12月:"情暖童心·科技筑梦"关爱农村留守儿童公益项目获评第十二届中国青年志愿者优秀项目奖;

5.2018年12月:"情暖童心·科技筑梦"获评第四届中国青年志愿服务项目大赛金奖;

6.2018年12月:华北电力大学"情暖童心"志愿服务项目入选全国青年志愿服务优秀项目库第一批入库项目;

7.2016年11月:"绿色供暖发电,助力精准扶贫——'暖心壹号'公益创业行动"获评2016年"创青春"全国大学生创业大赛公益创业赛银奖;

8.2016年11月:"情暖童心"获评2016年全国"三下乡"社会实践活动优秀团队;

9.2016年11月:"儿童假期关怀行动"获得第六届河北省教育系统优秀志愿服务品牌;

10.2015年12月:"情暖童心"社会实践队入选全国大学生百强实践团队;

11.2015年11月:"情暖童心"社会实践队获评2015年全国"三下乡"社会实践活动优秀团队;

12.2013—2021年:"情暖童心"社会实践团多次获评河北省大中专学生"三下乡"社会实践优秀团队;

13.2013—2021年:"情暖童心"社会实践团多次获评河北省大学生和青年教师"体验省情·服务群众"主题实践活动先进小分队。

第四节 项目的经验与启示

习近平总书记多次强调,"抓好教育是扶贫开发的根本大计""扶贫先扶志,扶贫必扶智""把贫困地区孩子培养出来,这才是根本的扶贫之策""让贫困地区的孩子们接受良好教育,是扶贫开发的重要任务,也是阻断贫困代际传递的重要途径"。"情暖童心"项目从农村留守儿童接受良好教育入手,一方面扶教育之贫,补足贫困地区教育质量短板,引导贫困家庭脱贫致富,为助力乡村振兴提供有益借鉴。另一方面依靠教育扶贫,在实践中实现"双向受益、共同成长",引导众多青年大学生"受教育、长才干、作贡献",为立德树人提供宝贵经验。

一、"情暖童心"项目对教育精准扶贫的经验与启示

(一)加强协同联动,开拓"三位一体"新格局

教育扶贫是个系统性的工程,单靠一方的力量很难收到良好的成效,关键在于多元协同治理格局的形成,通过多元协同来推动教育扶贫体系的建立。在多元协同教育扶贫治理格局中,要坚持构造以教育扶贫对象为核心,帮扶高校和地方政府为主导,其他主体协同参与的关系格局。当地政府充分发挥政策和组织优势,为高校提供政策支持与引导,同时为企业提供政策支持、优惠税收以及品牌形象宣传;高校充分发挥人才、科技、文化等优势,提供专业的服务团队,为活动的开展提供人才支持和智力支撑,为对接的当地中小学校带去先进的教育理念;企业充分发挥资本优势,为留守儿童筹得帮扶基金,积极创造就业机会,解决留守儿童父母的就业问题,从根本上解决留守儿童问题。

为保障"情暖童心"项目的顺利进行,华北电力大学积极联系顺平县政府和社会爱心企业,开拓了高校、政府、企业"三位一体"的工作格局,建立组织联系和工作机制,明确具体工作机构和责任人,制定关爱顺平县贫困山区农村留守儿童工作规划和实施方案,在任务分工、信息共享、工作节点等方面加强沟通协调,形成强大的工作合力。华北电力大学坚持全校"一盘棋"的工作理念,学校领导亲自挂帅,多次召开专题研讨会,多次作出重要指示,多次带队赴贫困一线考察调研,推动工作落实。学校各部门分工合作、广大师生积极参与,在十年时间里全校十余个院系、各二级单位加上近万名师生全程参与、倾情助力,推动教育帮扶从短期向长效、从粗放向精准、从治标向治本,从助力脱贫攻坚向助力乡村振兴转变。

(二)坚持问题导向,打造"精准施策、靶向施治"新模式

习近平总书记强调,"扶贫工作贵在精准,重在精准,成败之举在于精准"

"必须在精准施策上出实招、在精准推进上下实功、在精准落地上见实效"。提升"情暖童心"项目精准度,需要解决最关键的三个环节:如何精准识别教育扶贫对象?怎样动员学校师生帮扶留守儿童?采取何种措施才能使教育脱贫取得实效?"情暖童心"项目坚持问题导向,优化资源配置,因短板确定对象、因对象筛定项目、因项目选择人员、因人员落实责任,推动有质量的公平教育,做到对象动态管理,措施落实落地,成效分析评估,结果推广应用。

一是精准识别教育扶贫对象。"情暖童心"项目在开展关爱帮扶之前,首先联合顺平县政府、教育局成立"情暖童心"专项调研团队,通过全面摸排、入户走访等形式,精准掌握了顺平县28所中小学留守儿童的总体数据和分类情况,为后期的精准帮扶打下了良好基础。二是精准选派帮扶师生。"情暖童心"项目根据顺平县中小学的实际情况和现实需求,选派政治素质高、综合素质好、专业能力强的师生,组织实施多样化关爱帮扶活动,为项目的精准实施保驾护航。三是实施精准化教育帮扶。"情暖童心"项目聚焦在教育领域可为、能为、善为的扶贫"点",结合学校学科特色和专业优势组建专业化教育扶贫团队,采取"点对点"的方式精准施策,集中力量开展科技领航、社会工作、心理辅导、志愿服务、网络建设等专项工作,保证教育精准帮扶不间断、可持续性。

(三)重在授人以渔,坚持"扶贫与扶智、扶志相结合"新思路

习近平总书记指出,"扶贫必扶智,让贫困地区的孩子们接受良好教育,是扶贫开发的重要任务,也是阻断贫困代际传递的重要途径""扶贫先要扶志,要从思想上淡化贫困意识。不要言必称贫,处处说贫"。教育精准扶贫的目标是不仅让脱贫人口能够"站起来",而且要能够"走得远",切断贫困的"代际传递"。"情暖童心"项目在开展教育扶贫行动的过程中,按照"治贫先治愚,扶贫先扶智"的指导思路,坚持扶贫与扶智、扶志相结合,智力扶贫与教育扶贫并举,努力让贫困地区的农村留守儿童接受良好教育,不断激发贫困地区和贫困群众脱贫致富的内在动力,形成外部多元扶贫与内部自我脱贫的互动机制。

一是"情暖童心"项目注重让农村留守儿童共享优质教育资源,通过打造关爱活动阵地、组织农村教师队伍培训、开展"互联网+"教育辅导及志愿服务活动等形式,助力提高顺平县贫困地区的教育质量与教育水平。二是"情暖

童心"项目注重引导农村留守儿童树立远大志向,通过组织留守儿童走进华北电力大学,参观大学校园,感知城市文化,开展爱国主义宣传、理想信念教育、科学技术启蒙、文艺汇演等主题宣传教育实践活动,激发他们的学习兴趣,鼓励他们努力成长成才。三是"情暖童心"项目注重引导贫困群众从思想上树立"我要脱贫"的意识,邀请专家学者组织开展政策宣讲、脱贫培训、咨询服务等,向贫困群众及时传播扶贫政策,增强实现脱贫致富的信心和决心。四是"情暖童心"项目注重提升贫困群众的脱贫能力,通过帮助县政府招商引资,开展能源解困行动,对有需求的贫困户开展就业技能培训、技术指导等途径,提高贫困群众劳动技能水平和脱贫能力,实现从"无力脱贫"向"能够脱贫"的转变。

(四)共享优质资源,强化"互联网+教育"新手段

习近平总书记指出:"可以发挥互联网在助推脱贫攻坚中的作用,推进精准扶贫、精准脱贫,让更多贫困群众用上互联网,让农产品通过互联网走出乡村,让山沟里的孩子也能接受优质教育。""互联网+教育"作为互联网科技与教育领域相结合的新教育形式,是实现教育均衡化,让贫困地区享受优质教育资源的有效手段。随着互联网技术的发展和普及,"情暖童心"项目尝试以互联网思维、借助互联网平台去推动教育扶贫工作,优质教育资源冲破空间界限,也为开展精准、个性化教育扶贫提供了技术保障。

一是"情暖童心"项目自2013年起就启动了教育扶贫网络系统建设,积极协助顺平县政府建立关爱农村留守儿童信息系统,分类整理留守儿童信息档案,录入、整合、分类农村留守儿童的基本信息,并进行统一管理,实现信息资源共享共用。二是"情暖童心"项目依托华北电力大学计算机网络技术优势,建立了"情暖童心"专题网站,展播农村留守儿童需求、志愿帮扶动态以及活动开展情况,吸引社会各界人士对农村留守儿童问题的关注,呼吁更多社会力量参与到"情暖童心"项目中来。三是在新冠肺炎疫情之下的"非常时期","情暖童心"项目按照疫情防控相关要求,结合留守儿童需求和大学生实际情况,探索实行"互联网+教育"辅导新模式,以线上的形式进行"智志双扶"活动,实现教育帮扶不断线,进一步夯实了顺平县贫困地区的教育基础。

(五)弘文尚德励志,推进"精神小康""文化小康"新动力

习近平总书记强调:"只有物质文明建设和精神文明建设都搞好,国家物质力量和精神力量都增强,全国各族人民物质生活和精神生活都改善,中国特色社会主义事业才能顺利向前推进。"全面建成小康社会,不仅是物质和经济的小康,也是精神和文化的小康,从一定程度上讲,只有在精神层面实现了小康,我们全面建成小康社会的目标才算真正实现。"情暖童心"项目扎实推进教育精准扶贫的同时,充分关注人民群众的精神文化需求,大力弘扬时代新风、涵养道德情操、培育心灵家园,不断满足人民群众多样化、多层次、多方面的精神文化需求。

一是"情暖童心"项目积极推动党的创新理论进村入户,通过理论宣讲活动、文化主题活动、文艺创作活动、休闲娱乐活动等,把党的创新理论融入喜闻乐见的群众性文化活动中,推动党的创新理论往深里走、往实里走、往心里走。二是"情暖童心"项目积极弘扬顺平县优秀传统文化,充分挖掘顺平县历史文物、文化遗迹、风土民俗中承载的优秀传统文化,加强对优秀传统文化的学习研究,扩大优秀传统文化的传播范围,更好地实现优秀传统文化的传承与发展。三是"情暖童心"项目积极营造勤劳奋斗的良好氛围,借助文艺汇演、刷写标语、农村大喇叭、微信公众号等多种宣传渠道,广泛宣传脱贫致富的典型人物和先进事迹,用身边人、身边事教育引导贫困群众,让他们学有榜样、干有方向,培育起"自强自立、勤劳致富"的良好风气。四是"情暖童心"项目积极培育和践行社会主义核心价值观,组织编印宣传文集、拍摄公益宣传片、开展专题分享会等,推出了《情暖童心 蔚爱童行 我们在行动》《点亮希望梦 扬帆正当时》《盛开的太阳花》等一大批文化精品,为当地文化发展注入了新的活力。

二、"情暖童心"项目对立德树人的经验与启示

(一)突出育人导向,探索"双向受益、共同成长"育人新路径

"情暖童心"项目在教育扶贫工作中,结合"三全育人"工作需要,从"培养什么样的人,为谁培养人"这一根本命题出发,着力实现服务群体和大学生的"双向受益、共同成长"。回顾十年来的实施历程,我们不禁发现,"情暖童心"项目之所以不断发展和深化,一个重要原因就是留守儿童和青年大学生均是受益者,他们在学习中收获,在实践中成长。

"情暖童心"项目通过为顺平县留守儿童、儿童家长以及中小学教师提供全方位的培训和服务,夯实了教育基础,为当地教育注入了新的活力,促进了当地 7800 余名农村留守儿童的健康发展。例如,"情暖童心"项目在 2013 年结对帮扶的 100 余名贫困家庭留守儿童,十年间保持联系帮扶工作不间断,他们乐观积极地面对生活,行为交往能力显著增强,变得更加自律、更加自觉和更加自信,20 余名同学已实现了大学梦。"情暖童心"项目正用它的一点一滴,用它无数力量汇聚成的能量,点亮留守儿童健康成长的人生路。

同时,"情暖童心"项目聚焦学生成长发展需求,把尊重学生放在首位,以学科专业为基础、以社会需求为导向、以能力培养为核心、以实际应用为背景,引导大学生瞄准国家战略需求,积极投身到助力教育扶贫的社会实践中,让大学生在了解社情民意中增强社会责任感和成才报国热情,在发现问题、解决问题中培养了创新精神、练就了过硬本领。在合力推动教育精准帮扶活动的过程中,"情暖童心"项目实际上为大学生构建起了线上线下、课内课外紧密融合的立体化协同育人新模式,形成了理论主课堂、实践大课堂一体贯通、无缝对接的立体育人网络。

(二)坚持知行合一,引导学生走与生产实践相结合的道路

"知者行之始,行者知之成。"知行合一是中国古代哲学中认识论和实践论的命题。教育大学生积极参加生产劳动和社会实践,培养对劳动人民的感情,对贫困地区人民的感情,增强爱国主义情怀,以实际行动培育和践行社会主义核心价值观,是"情暖童心"这个项目的立意所在。坚持用好教育扶贫这块阵地,让青年学生不忘为人民服务的初心,牢记民族复兴的使命,从群众中来,到群众中去,认识农村、服务农民、了解农业,不忘本来、吸收外来、面向未来。

"情暖童心"项目最显著的特点是学生亲身参与,学生经过所见、所闻、所为,引发所思,触及心灵,升华体会,深化认识。在整个"情暖童心"项目中,大学生是最重要的参与者,他们奉献了自己的时间、精力和智慧,在向当地留守儿童传播知识、传递爱心、点燃梦想的同时,通过实践服务了社会、经受了锻炼、提高了能力、体现了价值。在实践中,广大青年学生来到贫困地区,真正体会当地群众的生活,更加深刻地认识乡土中国、乡土社会,增强人民情怀,发挥

脱贫攻坚阵地的教育作用。在实践中,广大青年学生深入基层一线调查研究、实践体验,在了解社情民意中加深了对现实社会环境的认知,增强了社会责任感和成才报国热情。在实践中,广大青年学生在与地方干部群众的接触交往中受到教育,体会到人民群众的朴实善良勤劳,了解中华民族的优良传统,不断提高道德水平和自身修养。

(三)瞄准战略需求,引导学生利用专业所学服务社会

一代人有一代人的长征,一代人有一代人的担当。新时代的中国青年处在中华民族发展的最好时期,面临难得的建功立业机遇。全面建成社会主义现代化强国,实现中华民族伟大复兴的中国梦,是一场接力赛。青年一代要跑出好成绩,就要勇做走在时代前列的奋进者、开拓者、奉献者,努力为新时代建功立业。

"情暖童心"项目聚焦教育扶贫的重点领域和薄弱环节,抓住提高教育水平这个最急需解决的问题,加强对不同专业学生的分类引导,让学科背景各异的学生在交流中开阔专业视野,在碰撞中探索实践新知。广大青年学生充分发挥自身的专业优势,系统开展教育帮扶活动,用专业知识解决社会实际问题,做到学以致用、用以促学,推动了学生的科技创新和科技成果转化,有数百名学生依托"情暖童心"项目在"挑战杯"全国课外学术科技作品竞赛、"创青春"全国大学生创业大赛、河北省大学生"调研河北"社会调查活动等省部级以上创新创业竞赛中获奖。

(四)发挥主体优势,实现学生成才需求与成长愿望相满足

青年学生精力充沛、思维活跃、接受能力强,正处在长本事、长才干的大好时期。做好青年一代的思想政治工作,重在准确把握青年工作特点,深入了解青年所思所想、所需所困,讲好青年的爱国故事、创新故事、奋斗故事、成长故事,以青年喜闻乐见的形式弘扬青年群体正能量,在同频共振中凝心聚力,在润物无声中精准引导。

"情暖童心"项目坚持在教育扶贫的主战场上,充分发挥学生的积极性和主动性,把校内教育和校外教育结合起来,把校内资源和校外资源统筹起来,引导学生主动谋划、参与设计相关教育扶贫活动,坚定学生对马克思主义的信仰、对中国特色社会主义的信念,用中国特色社会主义共同理想和共产主义远大理想教育学生,筑牢青年学生的思想政治之基、理想信念之魂。

"情暖童心"项目通过互联网和传统媒体进行广泛宣传,讲好"情暖童心"教育扶贫故事,让学生们见证了教育扶贫的成效,体会到了贫困地区群众自立自强、锲而不舍的奋斗精神,感受到了中国精神的新时代表达,提升了为人民服务的信心,极大拓展了学校管理育人、网络育人、服务育人的多元化路径。

第四章　乡村振兴战略下"情暖童心"项目的升级路径思考

乡村振兴战略下,"情暖童心"项目在提高农村教育质量,加强乡村文明建设,提升农民获得感、幸福感、安全感等方面仍大有可为,要发挥更大的作用,实现更大的作为。项目组根据多年的公益实践经验,已然形成了以项目化运作模式为基础,以协调联动机制为保障,志愿服务、心理培训、社会工作、网络建设齐头并进的工作格局。项目开展至今,取得了不菲成效,但项目团队建设仍需进一步加强,应着眼于乡村振兴战略,立足于"治贫先治愚,扶贫必扶智",进一步思考项目未来发展路径。

第一节　乡村振兴战略下项目团队建设进一步加强

一、加强三方联动机制建设

进一步加强学校、顺平县政府、企业之间对接交流。乡村振兴背景下,"情暖童心"项目组牢牢把握立足新发展阶段,贯彻新发展理念、构建新发展格局的实践逻辑,着力推进学校同顺平县政府以及爱心企业之间的对接交流,为新时期、新阶段下"情暖童心"实施教育振兴举措保驾护航。针对心理咨询、职业教育、中小学思政、传统文化等关键问题,通过召开座谈会、工作推进会、项目成效反馈会以及实地走访等方式,在任务分工、信息共享、工作步点等方面加强沟通协调,形成合力,进而强化学校、顺平县政府以及企业之间沟通对接,深化三方的交流合作,携手打开乡村振兴发展的新局面。

进一步了解乡村振兴背景下服务对象的需求。"情暖童心"项目在全面摸排、精准掌握顺平县 28 所中小学留守儿童的总体数据和分类情况的基础上,紧紧围绕乡村振兴大背景,结合已开展帮扶工作的实际情况,进一步分析顺平县中小学的现实需求。一方面,精准定位中小学现实需求。项目组聚焦在乡村教育振兴领域可为、能为、善为的帮扶"点",紧密贴合顺平县中小学的实际情况,结合学校学科特色和专业优势组建专业化教育帮扶团队,科学分析乡村振兴背景下帮扶对象的现实需求,为制定"点对点"的帮扶策略奠定基础,以保证教育精准帮扶的不间断和可持续性。另一方面,制定差异化的帮扶对策。在全面调研的基础上,"情暖童心"项目组将对帮扶对象进行进一步分类,在充分考虑到现阶段帮扶家庭的收入情况、接受教育的能力和意愿以及原有接受教育程度的基础上,采用因地、因校、因生制宜的原则来对症下药,将帮扶做到点上和根上。

进一步健全体制机制运行。一方面,建立外部多元帮扶与内部自我提升的互动机制。教育振兴的目标是不仅让农村人口能够"站起来",而且要能够"走得远"。"情暖童心"公益项目在开展教育帮扶行动的过程中,坚持扶贫与扶智、扶志相结合,努力让农村留守儿童接受良好教育,从思想上淡化贫困意识,不言必称贫,不处处说贫,以此激发乡村振兴的内在动力,形成外部多元帮扶与内部自我提升的互动机制。另一方面,发挥现有体制机制的长效作用。项目组修改完善《"情暖童心"行动常态化工作方案》,通过整合多方资源,实现"情暖童心"行动制度化、规范化、常态化,指导督促各地按照时间节点、阶段重点推进工作。

进一步完善条件保障体系。一方面,加强教育资金的筹备与管理。项目组在充分整合各方资源的基础上,加强联系金融机构、各类企业和社会组织积极参与"情暖童心"乡村振兴项目建设,建立多渠道、多元化资金投入机制,缓解乡村地区投资压力。另一方面,项目组立足实际,积极同顺平县政府沟通,在充分考虑农村地区学校的基础设施情况、师资水平、经济发展程度等方面的前提下,以帮扶政策为切入点,调配教育资金投入的力度,加强对农村地区的财政支持和政策的倾斜,进而完善条件保障体系。

二、选取有针对性的举措

打造更专业化的团队。项目组将充分发挥高校人才和学科优势,协调整合各院系、各部门优质资源,打造专业化帮扶团队。一方面,积极组织多学科专家学者参与到乡村振兴工作中去,讲授教育帮扶实践知识和技能,提供教育帮扶方向性建议,提升项目团队的专业化水平。另一方面,打造综合性帮扶团队,弥补单一专业优势产生的不足。学校通过结合学科特色和专业优势组建专业化帮扶团队,系统开展教育帮扶工作,让学科背景各异的学生在交流中开阔专业视野,在碰撞中探索实践新知。

加强项目的创新意识。创新是项目可持续发展的保证,也是项目不断向好发展的生命力所在,应持续加强项目的创新意识,提升团队创新能力。一方面,项目组积极引导大学生树立自主创新意识,创新服务内容,拓展服务范围,自主探索活动参与渠道,自觉树立多元化的创新思维和创新意识,进而提升帮扶成效。另一方面,项目组引导学生将学校的学科优势、自身的专业特长与社会的需求相结合,积极推动知识创新、技术创新以及成果的转化应用,激发大学生的创新创业兴趣,提高"情暖童心"教育精准帮扶的效率。

采取更丰富的活动形式。教育巩固脱贫成果实践活动以服务国家重大发展战略为导向,以培养学生成长成才为根本,切实增强实践育人成效,积极引导青年学生结合专业实践主动服务国家巩固脱贫成果战略,项目应紧密结合大学生实际状况,即:大学生成长的实际、大学生专业的实际以及大学生个人能力的实际。因此,"情暖童心"公益活动应与大学生的实际状况紧密结合,丰富活动形式,提升活动层次,拓展活动维度,着力打造与大学生自身的专业优势和特长相关的创新性活动内容,使得育人成效的发挥可以更深更广。

第二节 乡村振兴战略下项目发展路径的思考

乡村振兴最终要靠人才,而人才的培养根本要靠教育。乡村教育事业的发展,无疑是乡村振兴战略的重要支点,对接和服务好乡村振兴战略,是教育部门和教育工作者义不容辞的责任与担当。实施乡村振兴战略,就要优先发展农村教育事业。对乡村来说,教育既承载着传播知识、塑造文明乡风的功能,更为乡村建设提供了人才支撑,在乡村振兴中具有不可替代的基础性作用。着眼乡村振兴战略,项目组积极探索校地合作的新路径,力争携手实现人才交流培养、科技成果转化、新兴产业培育等方面互利共赢。

一、扩大服务范围,提升帮扶效果

坚持教育方向,推进文明建设。随着"双减"政策提出,留守儿童在拓展技能、塑造品格等方面的需求更加凸显,开展必要的体育、美育、劳育需求进一步加强,需要更大的支持和保障。通过加强多方主体教育,促进当地教育发展及人才队伍建设,聚焦留守儿童主体,项目组持续开展七彩假期活动,助力乡村学校少年宫建设。继续推广"电力之光"科学实验室,补充体验式科学实验器材,开展科技素质拓展活动,留守儿童通过在"赏、玩、学、做"的切身体验中,拓展视野、知识面,增加自己的知识技能和城市体验。开展教师培训交流,助力教学管理升级。结合少年儿童的身心发展特点和健康成长需要,组织当地中小学教师开展心理辅导、教学技能等培训。共建教育振兴研究基地,提高农村教育质量。"扶贫先扶志,扶贫必扶智",项目组依托学科、人才资源等优势,与顺平县共建教育振兴研究基地。一方面,制定乡村教育振兴策略需要我们综合考量乡村地区政策方针、实际经济状况以及学生和家长的合理诉求等,以期教育振兴策略能紧密贴合当地教育实际,达到最优效果。另一方面,随着时代的发展进步以及各项教育策略的逐步落地,教育振兴策略也需要不断地进行调整、更新,以适应现阶段的建设发展需要。据此,我们需要在乡村地区建设教育振兴研究平台,通过制度化、平台化手段,分析农村地区实际情况,制定科学合理的教育振兴策略,满足多方需求,实现最优教育效果,主要方式包括建设教育振兴研究基地、教育振兴研究所、教育振兴示范点以及教育振兴研究院等。运行"互联网+教育"模式,促进优质资源共享。受条件限制,留守儿童利用网络进行远程教育和辅导较为困难,基于此,学校依托在线数字教育,完善视频会议室、直播录像室、多媒体教室的现代信息基础设施,通过网络线上教育+线下教育相结合的方式,帮助农村学生享受和城市学生相同的优质教学资源。充分发挥大学生志愿者的主观能动性,针对不同乡村、不同学生的特点,设计相应课程,进而更好地弥补乡村教育短板、解决乡村教师的师资难题提供新的解决方案,缩小城乡教育发展差距。

加强支部共建,发挥引领作用。新时代的各项工作都要坚持党的领导,发挥党建引领的作用,在乡村振兴中,党建文化的引领作用同样至关重要。一是组建师生理论宣讲团。通过搭建理论宣讲与思想政治教育实践平台,在乡村地区做好党建宣传思想工作,讲好中国共产党治国理政故事,提振农村地区群众的精气神,从而达到激发其内在乡村振兴动力的目的。二是开展支部结对共建。通过加强与顺平县农村党支部、顺平县中小学的合作共建,开展形式多样的党史学习教育活动,向乡村地区群众传递先进的党建文化,增强基层党组织的创造力、凝聚力和战斗力,在无形中使其认识到自身与国家发展步伐和社会前进方向存在的差距,帮助他们找到奋斗目标,提升其改变落后面貌的信心与斗志。

优化宜居环境,滋养民风民志。随着农村人居环境整治的不断深入,让农村人居环境"留得住青山绿水,记得住乡愁"正在逐步实现,通过外在环境的改变,逐步改变农村低迷、消沉和异化的民志以及压抑、闭塞和冷漠的乡风,进而转变村庄民众的内在精神面貌。组织项目组成员深入农村地区开展美丽乡村宣讲会,立足农民最关心、最直接、最急迫解决的热点和难点,提出合理的规划建议,解决当前村庄整治重点问题。开展美丽乡村墙绘工作,绘制乡村振兴展板与村庄发展标语、党建文化长廊,将党和国家的新思想、新政策和新生活理念传播到村庄的各个角落,让乡村文化得以传承和发展,给乡村风貌增添一抹不一样的亮色。聚焦"双碳"目标,利用农村青少年宫基地,开展以"普及生态文明,倡导绿色生活方式"为主题的特色活动,如专家座谈活动、绿色家庭创建活动、节能宣传活动等,通过普及绿色生活方式,提升全民节能意识,形成崇尚节约节能与低碳环保的乡村新风尚。目前农村地区碳减排存在"行动力不强、参与率不高、吸引力不大"等问题。项目组专题研究农村减碳方案,通过线上小课堂和线下宣讲相结合的形式,打造乡村绿色发展宣传阵地,讲解低碳生活方式,增强村民对低碳生活的认知,引导村民主动参与到房前屋后居住环境的绿化、美化工作中,自觉打造绿色整洁的人居环境。

加速信息更新,扩大宣传推广。在精准摸排乡村地区实际情况的基础上,将志愿者帮扶情况、企业及爱心人士的物资捐赠情况、众筹管理情况、农村留守儿童的受益情况等信息在网站中进行实时更新、完善,并通过"两微一端"传播推广出去,实现信息实时共享。充分利用计算机系和校网信处专业技术优势,在搭建"情暖童心"专题网站基础上,加强"两微一端"建设,通过小程序开发、微信公众号平台推广等方式,增强社会各界人士对农村留守儿童问题的关注,通过惠农助农政策普及活动、互联网平台直播等方式,链接爱心桥梁,呼吁社会各界力量参与到"情暖童心"行动中来。

二、定位多维培养目标,增强育人实效

实践育人是党的教育方针的重要内容,是人才培养的重要环节。要坚持系统协同、优化顶层设计、设计育人环节,深化理论研究来统筹实践育人工作,保证其规范、科学有序运行。

高站位谋划,构筑"实践育人"大格局。坚持系统协同,提高实践育人的整体效能。针对青年学生的成长特点和留守儿童问题的复杂性,项目组坚持联系当地政府和爱心企业,在任务分工、信息共享、工作步点等方面加强沟通协调,采取措施促成校、政、企协同合作,建立了"三位一体"的联动机制,形成了以青年学生和教育帮扶对象为核心,帮扶高校和地方政府为主导,企业、家庭等其他主体协同参与的关系格局。在合力推动教育精准帮扶活动的过程中,"情暖童心"项目实际上为大学生构建起了线上线下、课内课外紧密融合的立体化协同育人新模式,形成了理论主课堂、实践大课堂一体贯通、无缝对接的立体育人网络。

优化制度设计,完善实践育人保障机制。不断加强实践育人评价机制的建设,激发实践参与者的内生动力。科学设计育人环节,推进实践育人的做深做实。比如,坚持思政课的守正创新,让教学"强"起来,课堂"活"起来,学生"动"起来。结合"情暖童心"项目,开展"以学生为中心"的教学范式改革,让大学生走上讲台讲思想政治课,用同龄人的视角打开思想政治课的新思路,推进课堂讲授与大学生实践教育的有机融合,实现"1+1>2"的叠加效应。

高质量落实,打造"情暖童心"子项目集群。通过优化顶层设计统筹实践育人工作格局,加强组织管理体系建设,保证育人工作的规范、科学有序运行;通过加强人才队伍体系建设和实践育人项目运作体系建设,集中力量运作多个可持续、有实效、可推广的"情暖童心"子项目,如感知校园行、留守儿童艺术团、科技领航等活动,通过总结提炼项目经验,提升育人成效,打造高质量实践育人品牌项目集群。

"迎进来"。结合学校、地方实际情况,以点带面,渗透细化,精心打造出一批具有华电特色的新实践育人项目,根据受众的差异化发展需求,建立一批专项实践育人团队,形成专业化的工作模式。积极引导大学生参与到"情暖童心"项目中去,在实践拓展、课业辅导、安全自护、爱国教育、法治普及、手工艺术、科技启蒙等形式多样、寓教于乐的活动中,不断提高自身专业素养和实践能力。同时,项目组要在充分考察不同受众的差异化需求后,因地因校制宜打造独特的"情暖童心"子项目集群。

"走出去"。加强"情暖童心"品牌项目的宣传和典型塑造。纵深推进项目特色化建设,抓品牌示范、抓素养提升、抓长效机制是项目组今后工作的着力点。借鉴以往的有益经验,优化整合、精细实施,不仅仅培育优秀子项目,还需要做好"情暖童心"项目集群的复制、推广、推荐等工作。

高效率推进,建设"三个结合"实践育人阵地。推进学生主体与教师主导相结合。开展"以学生为中心"的教学范式改革,在传统讲授法基础上,充分运用专题式、案例式、探究式、讨论式等教学方法,让大学生走上讲台讲思想政治课,结合"情暖童心"等社会实践经历,用同龄人的视角打开思想政治课的新思路,提高思政育人的实效性。推进项目常规化与社会化相结合。充分发挥校内外协同优势,推动思想政治课实践教学与"情暖童心"品牌行动开展,通过在"情暖童心"实践平台为学生社会实践、志愿服务提供稳定的、持续的、长期的服务基地,使大学生在活动中得到锻炼,从而促进实践育人功能的实现。推进项目品牌化与专业化相结合。建立专业的培训体系,在项目开展、项目成员招募前,对项目成员进行理论培训和专业性培训,不仅包括专业知识、志愿服务技能,还应加强与服务对象的沟通技巧、急救技巧、管理技巧、品牌培育能力等培训工作。

附录：项目亲历者说

"情暖童心"项目自实施以来，累计有近万名师生参与其中，在顺平县教育精准扶贫的第一线受教育、长才干、做贡献，促进了当地 7800 余名农村留守儿童的健康发展，实现了"双向受益、共同成长"，取得了良好的育人成效。在此，采访了部分参与"情暖童心"项目的师生志愿者、顺平县部门领导、受帮扶学校师生，分享见闻与感悟，共话收获与成长。

第一节　分主体访谈提纲

一、参与教师志愿者访谈提纲

1. 您是从什么时间开始参与到"情暖童心"教育精准扶贫行动中的？当时项目的运行模式是怎么样的？

2. "情暖童心"教育精准扶贫行动是如何逐渐实现项目化运作的？

3. 您所带的队伍里，学生志愿者的参与情况怎么样？他们对项目的评价是怎样的？

4. 您在带队参与项目的过程中有没有遇到什么困难？困难是怎么解决的？

5. "情暖童心"教育精准扶贫行动在当地的实施效果怎么样？学生家长和学校的评价如何？您认为项目的帮扶有没有很好地对接服务对象的需求？

6. 您从教师的角度出发，认为学生参与"情暖童心"教育精准扶贫行动最重要的收获是什么？

7. 您和曾经参与过"情暖童心"行动、现在已经毕业的学生还有联系吗？您认为他们现在从事的工作与"情暖童心"的关系是怎样的？

8. 在振兴乡村的战略背景下，您认为现在的"情暖童心"教育精准扶贫行动应该如何进一步对接,实现转型? 您有什么具体建议吗?

二、参与学生志愿者访谈提纲

1. 请分享您在参与"情暖童心"教育精准扶贫行动中印象最为深刻的小故事。

2. 您是哪一年参与的行动,主要负责了哪些内容,当时参与"情暖童心"教育精准扶贫行动的原因是什么?

3. 您在参与"情暖童心"教育精准扶贫行动后有哪些收获,学校对哪些小环节的设计让您从中受益较多? 参与行动的收获对您的工作是否有积极意义?

4. 从您的角度去看,您认为"情暖童心"教育精准扶贫行动在当地的实施效果怎么样? 学生家长和学校的评价如何? 您认为项目的帮扶有没有很好地对接服务对象的需求?

5. "情暖童心"教育精准扶贫行动最能满足您在哪些方面的期待?

6. 您对"情暖童心"教育精准扶贫行动的下一步发展有哪些意见建议?

三、顺平县政府部门领导及受帮扶学校师生访谈提纲

1. 政府相关部门在项目运作过程中扮演着何种角色,以什么样的参与与合作方式以激励参与主体以及推进项目的长期运行?

2. "情暖童心"项目在顺平县脱贫攻坚战中扮演了何种角色? 有哪些成效和意义?

3. 您认为"情暖童心"项目在实施、发展过程中存在哪些不足? 对于这些不足,您认为该如何改进呢? 以及项目的下一步发展,您有哪些意见建议呢?

4. "情暖童心"行动的志愿者的到来对孩子们来说有哪些方面的益处,孩子们有些怎样的变化,包括学习、志向、心理及行为等方面?

5. "情暖童心"项目组的到来对学校的教育工作带来哪些影响,对学校的老师有何助益?

6. "情暖童心"的活动给孩子们带来了什么样的收获? 以后还想继续参加吗?

7. 家长是否支持孩子参加"情暖童心"项目? 他们如何评价"情暖童心"项目?

8. 下一步您希望"情暖童心"项目组针对学校需求进行哪些方面的调整和服务?

第二节　华北电力大学师生志愿者说

华北电力大学自动化系党委副书记　石立宁

1.您是从什么时间开始参与到"情暖童心"教育精准扶贫行动中的?当时项目的运行模式是怎么样的?

项目大概是于2013年启动的,我是一直参与到了2018年底。当时的运行模式还是较为全面的、系统的。当时我是在环工系参与团委的工作,所带领的环工同学参与的这一个分中心,不只有寒暑假期才会到顺平县,几乎频率是在两周一次,学生志愿者大部分都是乘坐40分钟的公交车到对接的学校去提供志愿服务。

2."情暖童心"教育精准扶贫行动是如何逐渐实现项目化运作的?

时间安排上刚刚也提到过了,就是大概两周一次的频率,而且在那一段时间里,我所在的分中心保持的连续性还是很好的,有着较强的持续性。当时是以青协为主要力量,作为该社团的重点项目去做的。一开始是以中学为主要帮扶对象,后来因为一些客观的原因,将帮扶重点转移到小学,在这个过程中也充分了解到教育资源的差异,部分小学是每两个年级合并上课的,咱们过去的帮扶志愿者主要也是给他们的教学任务提供一定的补充。在这个过程中,也会对接到一些社会爱心企业,一同为这些学校、学生捐赠一些学习、生活用品等。

3.您所带的队伍里,学生志愿者的参与情况怎么样?他们对项目的评价是怎样的?

学生志愿者的参与情况,在我看来是十分优秀的,而且我相信这些学生志愿者也在这个志愿服务活动过程中锻炼了许多、学习到了很多。尽管咱们的学生没有从事过师范类的教育,但是由于顺平县当地师资力量的薄弱和咱们为其提供帮扶的初衷,学生们都主动承担起一定的责任,在实践中摸索在实践中提升。在后来的了解过程中,咱们的学生认为这项活动是十分有意义的,对自己的锻炼与价值观的树立是十分有帮助的,让自己更珍惜当下的生活,也有了更多对自己的思考,对自己的发展更有帮助。

4.您在带队参与项目的过程中有没有遇到什么困难?困难是怎么解

决的?

因为我参与的时间还是比较长的,大概从一开始 2013 年一直做到 2018 年底,在这个过程中无论是项目开始还是后来发展的时间里,困难肯定是有的,这也是给大家留下深刻印象的。比如吃饭不是很方便,需要自己动手去做,但炊具和食材都是很普通的;住宿条件比较简陋,都是在教室里简单准备了住宿;有一年还下了很大的雨,停水停电,村子里的道路都被水淹没了,交通还有食宿都十分地不方便,但是老师们和学生们都是一起咬牙克服了这些困难。

5.“情暖童心”教育精准扶贫行动在当地的实施效果怎么样?学生家长和学校的评价如何?您认为项目的帮扶有没有很好地对接服务对象的需求?

“情暖童心”这个活动是一个双向受益的志愿服务活动,更是多方受益的,这个就包括了但是不限于这些的主体,比如咱们的大学生志愿者、被帮扶的学生,比如咱们参与组织、执行的老师,以及当地学校和老师,甚至可以说对当地教育水平的提高、对社会价值观、社会关注度有了一定的影响。从被帮扶的学校和家长来说,反响还是很不错的。由于我们是后来转向了小学,然后也是了解到科技知识普及情况的问题,我们这一个分中心将主要的帮扶重点就放在了科技课程上面,甚至后来凭借“大山深处的科技馆”这一项目也是拿到了全国志愿服务大赛的金奖,所以从出发点以及项目落实情况来看,还是十分有效地对接了服务对象需求。

6.您从教师的角度出发,认为学生参与“情暖童心”教育精准扶贫行动最重要的收获是什么?

因为我在这个项目中是经历了从一个执行者再到一个组织者的角色转变,我对学生们的收获观察还是很仔细的也是很了解的,他们收获的不仅仅是这一份经历,更是在这个过程中所得到的锻炼,对于组织能力、策划能力、应变能力等多方面的锻炼。而且在这个过程中所了解到的地区教育资源的差异更能加强他们的社会责任感。

7.您和曾经参与过“情暖童心”行动、现在已经毕业的学生还有联系吗?您认为他们现在从事的工作与“情暖童心”的关系是怎样的?

和部分同学还是有联系的,有的同学后来参与了西部支教计划,有的在读研究生或者就留在咱们学校了,在和他们的交谈中还有个人的认识来看,这个活动对他们的影响还是比较深刻的,让他们对于志愿服务活动有了很高的热忱,更是选择继续在志愿服务事业上、教育事业上奉献自己,我想这一定和"情暖童心"项目中得到的锻炼是分不开的。

8.在振兴乡村的战略背景下,您认为现在的"情暖童心"教育精准扶贫行动应该如何进一步对接,实现转型?您有什么具体建议吗?

就咱们在这个过程中提到的,运行模式一定要是全面的系统的,一定要有统一的组织规划,构建合理的组织架构,最重要的就是保持一个持续性,参与的人都能够坚持把这件事做下去,这才是最好的方式。而且在面对恶劣天气、艰苦条件的情况,需要做好完善的后勤管理,做好对于大学生志愿者的培训;更要继续精准对接社会爱心企业和当地政府,尽可能地寻求更多领域、更多层次的项目合作。

华北电力大学离退休处副处长　陆伟

1.您是从什么时间开始参与到"情暖童心"教育精准扶贫行动中的?当时项目的运行模式是怎么样的?

我从项目最初就参与进来了,大概在2013年五一前后。最初是商老师带领五个院系,校团委联系了顺平县的县长,也是我们的校友。在他的帮助下顺平县教育局成立了一个"情暖童心"办公室,在全县范围找了包括中学和小学的五个学校,最初的五个院系是电力、动力、研究生、法政和环工。开始的时候都是摸索着去干,我们是发动学校的学生,顺平那边给咱们找一些家庭困难、学业障碍、留守儿童等比较特殊的学生,跟我们学校对接。当时是一对一或者几对一这种对接,还举办过一些活动,后来法政系是以定期社会实践的形式开展。

2."情暖童心"教育精准扶贫行动是如何逐渐实现项目化运作的?

都是一点点摸索着干起来的,随着时间的推移越来越完善。

3.您所带的队伍里,学生志愿者的参与情况怎么样?他们对项目的评价是怎样的?

学生参与的积极性很高。因为之前没有这样的经历,觉得挺新鲜。这种项目做的时候一开始就是非常见效果的。

4.您在带队参与项目的过程中有没有遇到什么困难?困难是怎么解决的?

在逐渐常规化了之后会面临学生们的积极性减弱的问题。开始的时候通过微信、QQ或者写信来往。但是时间长了以后,咱们这边的学生有课业负担,那边的学生也要正常上课,慢慢地这种日常的联系就减少了,把工作都压到了社会实践里边去。社会实践效果是不错的,但是它的效果比较短暂。像当时王章、李珍峰他们过去给做了一个关于学习的演讲,好多人都哭了,回去还给他们写信,什么我励志好好学习什么的,效果很好,但过一阵那个劲过了就完了。慢慢地大家就不太清楚这种长期的、有效的帮扶怎么做,时间和空间的限制是最大的问题。

当时也琢磨过让学生们周末的时间过去,像法政的"暖心续航"那种。但是因为离得远还有各种时间上的问题,辛辛苦苦过去一趟,效果不明显,而且真的很累。慢慢地大家有点做不下来了,这还是最大的问题。

还有一个问题是每一批会换人,我们这边和顺平县那边都会换人,你很难长期追踪同一批人看效果,一年一换新人只能从绝对数上增长,对于单个人的效果不太好评估,偶然性比较大。

5."情暖童心"教育精准扶贫行动在当地的实施效果怎么样?学生家长和学校的评价如何?您认为项目的帮扶有没有很好地对接服务对象的需求?

顺平县的学生也挺积极的,因为在选的时候他们也面临着一些老人教育能力不足、管教难等的一些问题,他们知道有大学生和他们对接还是挺愿意的。

6.您从教师的角度出发,认为学生参与"情暖童心"教育精准扶贫行动最重要的收获是什么?

就法政系来说,认认真真做了5年多,参与的学生最少也有200多人。现在的大多数学生是在比较良好的家庭氛围下成长起来的,他们对真正的贫困都不太了解。在亲身实践之后,很多学生有了很大触动,也有了新的思想认识。有一次我们去安平镇一个孩子的家里,这个孩子家里真的很困难。你在家里坐着老鼠就从房梁上来回窜,大柜上摞着一柜人家捐的旧衣服,天合适抄起一件就直接穿,当时学生跟我说,真没想到现在中国还有这样的家庭,对他们来说感触很明显。

还有像做社工的,比如赵茹萱、王章他们,都坚持得比较好。我觉得对他们一辈子做这种公益都会有影响。

7.您和曾经参与过"情暖童心"行动、现在已经毕业的学生还有联系吗?

您认为他们现在从事的工作与"情暖童心"的关系是怎样的?

当时坚持得比较好的学生他们现在和之前帮扶的学生还是有联系的。可能工作上没有什么大的联系吧,主要还是在心态上对他们有很深刻的影响。

8.在振兴乡村的战略背景下,您认为现在的"情暖童心"教育精准扶贫行动应该如何进一步对接,实现转型? 您有什么具体建议吗?

其实"情暖童心"在发展中也加入了一些科技元素,目的就是让那边的孩子多感受乡村之外的一些东西,更多的我觉得还是眼界、心理。不是说解决心理问题,是联系好家长和当地的学校,帮他们调整好心态的问题,让他们认识到凭借自己的努力可以改变生活现状。还有一个就是立榜样,要是咱们项目里能扶持出二三十个能考上特别好学校的,有这种硬核的榜样,项目效果就出来了,乡村振兴整个的环境也正在好起来。做了这几年以后,我认为最主要还是坚持。不能说我做了几年了,该出成果了、该结项了,就结束了。可以不去计较它最后的结果,只是把它作为一项常规工作,可能无意中这个效果就显现出来了。

华北电力大学数理系团委书记　刘明浩

1.您是从什么时间开始参与到"情暖童心"教育精准扶贫行动中的? 当时项目的运行模式是怎么样的?

最早在2016年,我带着动力系的学生去顺平中学。运行模式主要是学校统筹安排,校团委统筹,指标分配到院系,实践队的形式。

2."情暖童心"教育精准扶贫行动是如何逐渐实现项目化运作的?

主要还是学校统筹,院系对接,这个点是长期的,并不是偶然的。"情暖童心"行动是一种周期性的、长期性的、精准对接帮扶。日常生活中也会对对接点进行支教活动和日常帮扶、后续跟踪。

3.您所带的队伍里,学生志愿者的参与情况怎么样? 他们对项目的评价是怎样的?

我们的队伍全员都很积极,每一个同学明确分工,对接2—3个学生,精准对接。最大的评价就是双向受益,不仅仅是对自我的提升,也是履行社会责任的方式,是一段难忘的经验。学生志愿者积极性很高,并且认可度非常好。

4.您在带队参与项目的过程中有没有遇到什么困难? 困难是怎么解决的?

我觉得有难处的地方是,对接学校部分老师不支持,只能不断地去协调。还有就是支教客体作为孩子,支教的个人安全存在隐患。更多的关注和关怀,2018年有个孩子被门压了手,我们以后也更加注重这种情况。

5.""情暖童心"教育精准扶贫行动在当地的实施效果怎么样?学生家长和学校的评价如何?您认为项目的帮扶有没有很好地对接服务对象的需求?

就效果而言,每一年的情况不同,但总体的反映是非常好的,学生十分舍不得,家长送行,都体现了大家对于"情暖童心"项目的认可。并且有的学生每年都会参与,固定参与,反映认可度很高。事后家长会送吃的,作为感恩。就对接需求效果来说,短期来说,有帮助;但是长期来看,还需要探讨,模式上,以及后续的跟踪上还需要进行进一步的加强。

6.您从教师的角度出发,认为学生参与"情暖童心"教育精准扶贫行动最重要的收获是什么?

对大学生来说,思政教育,深刻体会到中国存在明显的地区不平衡。很多同学在城市中长大,认为一些东西是应该的,但是来到落后地区,会对三观形成触动。一周的磨炼,也是对自己的挑战,有利于大学生的成长,真正做到实践育人。

7.您和曾经参与过"情暖童心"行动、现在已经毕业的学生还有联系吗?您认为他们现在从事的工作与"情暖童心"的关系是怎样的?

有的,大部分参与到"情暖童心"的同学是比较优秀的,客观来说没有明显的关系,内在影响比较大。

8.在振兴乡村的战略背景下,您认为现在的"情暖童心"教育精准扶贫行动应该如何进一步对接,实现转型?您有什么具体建议吗?

碰到一个问题,随着农村的发展,农村开始补课,参与的孩子变少。

一个是要研究农村教育发展的阶段性特征,深入调研,提出对策,之后需要做的工作还有很多。

华北电力大学心理健康中心教师 石世平

1.您是从什么时间开始参与到"情暖童心"教育精准扶贫行动中的?当时项目的运行模式是怎么样的?

我从项目一开始就参与了,当时项目的运行大致分为心理、法律、学生志愿服务等多个模块,我主要是负责心理方面这一部分的培训。

2. "情暖童心"教育精准扶贫行动是如何逐渐实现项目化运作的?

从一开始我们项目就是大规模的、高站位的,比如我负责的心理工作,在高校和政府的共同推动下,面向整个顺平县开展,每个系都有人参与,在整个合作的过程中探索、实现从"输血"到"造血"的过程,在多方共同推动下,现在顺平县的中小学校都设有心理咨询师,相关课程也已经开展起来了。

项目化运作和各层级的合作密不可分,被帮扶的学校也是愿意接受的,因为本身"情暖童心"项目没有加重他们的负担,而是由我们高校提供了资源和便利。

3. 您所带的队伍里,学生志愿者的参与情况怎么样? 他们对项目的评价是怎样的?

心理这一模块学生志愿者参与较少,是因为心理工作专业化程度比较高。而我们的工作主要是服务于当地老师,培养师资,提升当地的老师教育素质后,培训课程也相应结束,如果还想再发展的话还需要一个更大的提升。

4. 您在带队参与项目的过程中有没有遇到什么困难? 困难是怎么解决的?

我们遇到过资金上的困难,大部分是靠爱心援助和学校支持解决。

5. "情暖童心"教育精准扶贫行动在当地的实施效果怎么样? 学生家长和学校的评价如何? 您认为项目的帮扶有没有很好地对接服务对象的需求?

当地老师反馈的效果是很好的,从他们的角度来看,我们的培训帮助他们提升了教学能力、改善了教育理念,学校也比较愿意接受这种帮扶,有效丰富了他们的课程,提升了教育水平。

6. 您从教师的角度出发,认为学生参与"情暖童心"教育精准扶贫行动最重要的收获是什么?

虽然我没有负责学生志愿者这一部分,但是接触过很多小分队的成员,和部分同学在上课的时候也聊过这些话题。首先在项目实践中他们得到了锻炼,在这个过程中看到中国教育的发展现状,尤其城市的同学也会看到城乡教育资源的差距,感受国家发展的变化,了解到国家对这方面的投入,也能坚定学生对国家发展的信心,丰富学生的爱国主义情感。其次这也是他们自我价值的实现,在活动中学生自我反思、自我提升,锻炼了自身的组织能力、协作能力,也从中得到了一个奉献国家、实现自己的机会。

7. 您和曾经参与过"情暖童心"行动、现在已经毕业的学生还有联系吗？您认为他们现在从事的工作与"情暖童心"的关系是怎样的？

我和学生联系得并不多，因为主要负责一些老师的培训，只是在上课的时候和学生讨论过这些，他们多少还是受到了项目的积极影响。

8. 在振兴乡村的战略背景下，您认为现在的"情暖童心"教育精准扶贫行动应该如何进一步对接，实现转型？您有什么具体建议吗？

现在国家对于农村的投入、扶持倾斜力度大，当地发展也仍然需要我们这样的项目帮扶对接。我们的项目发展快、成效好，但是项目人员调动的变化可能会因为各种原因导致项目传承中断。所以我建议每年还是要推动各个活动的项目化，并根据每年的变化来制定项目计划，比如现在网络如此发达，完全可以是通过线上的形式来进行而不是说非要到当地实践。同时重视学科建设的加强，丰富最初的心理帮扶的目标，扩大精准帮扶的范围，普及性教育也是必要的。

其次就是做好前期调研，并且增强和学生、家长的联系。留守儿童问题可能会慢慢缓解，但仍要重视对他们教育理念、教育观念的转变与培养；还有家长的素质提升，重视家校合作，提升家长的理念，改善家长的教育理念和教育观念；以及教师的素质提升，可以通过"以赛促建、以评促建"的方式，比如授课比赛等，这样可以帮助他们促进自身的授课经验的提升以及创新课程的变化。此外还要确定资金的来源与目标计划，给参与的企业一定的反馈，以保证企业的积极性，同时拓宽渠道，也帮助企业树立品牌效应、企业形象。

首批大学生村官法政系 2012 级本科生　王章

1. 请分享您在参与"情暖童心"教育精准扶贫行动中印象最为深刻的小故事。

当时做"情暖童心"最早的一批，是 2013 年，也是我第一次接触"情暖童心"的时候，有个胖胖的小姑娘，家里人外出打工，奶奶抚养她和弟弟，所以就总是受欺负，总是用暴力去解决问题，比如说问题沟通不了的时候就会去打架。一开始她真的很难相处，性格还比较火爆，好在这个小姑娘全程参与，和我们志愿者精准对接，对她展开课业帮扶以及心理辅导和陪伴，每次活动都带她积极地去参与，我们之间的关系越来越好，在我们离开的时候大家都很动容，印象很深。

2. 您是哪一年参与的行动，主要负责了哪些内容，当时参与"情暖童心"

教育精准扶贫行动的原因是什么?

最早是 2013 年,当时叫作"情暖童心"留守儿童帮扶活动,在我担任法政系的团委副书记后,专门负责组织法政系学生参与到"情暖童心",包括寒假和暑假的社会实践和科研项目,并且担任顺平县学校的校长助理和第一任校官。

我第一次参与这个活动后,对我的触动非常大,我从来没有真切地体会到农村留守儿童真实的处境和困境,为自己的加入感到幸运,同时也非常希望能通过自己的力量去帮扶到这些有困境的孩子。

3.您在参与"情暖童心"教育精准扶贫行动后有哪些收获,学校对哪些小环节的设计让您从中受益较多? 参与行动的收获对您的工作是否有积极意义?

整个"情暖童心"贯穿了我大二到研二的阶段,从一开始的志愿服务到做科研项目,像挑战杯、毕业论文等,这些让我一直都怀着感恩的心,不仅仅对所处的学习和生活环境以及现在的生活更加珍惜,也促成了我保研中国人民大学的经历,并且更加重视整个人生规划,可以说这个项目影响到我整个的发展。

被聘任为第一期的校官后,还有一个正式的聘任仪式。让我一个大二的学生觉得自己真正参与到这个活动中,感觉特别的正式。也激励了我去组织更多的大学生志愿者去对接到项目中,觉得自己不仅仅是一个志愿者,更是一个统筹者,对于我实现自我价值非常受用。

对于我今后工作是很受用的,在硕士阶段整个项目都带给了我很多方向性的参考。

4.从您的角度去看,您认为"情暖童心"教育精准扶贫行动在当地的实施效果怎么样? 学生家长和学校的评价如何? 您认为项目的帮扶有没有很好地对接服务对象的需求?

这个问题本科阶段我并没有多想,但是在读研之后,我开始从留守儿童群体本身去思考这些问题,追根溯源去思考,我们学校做到了长期的、精准的、多主题的帮扶,具有积极的正向影响,但希望高校以后可以不仅仅是降低贫富差距影响,也可以做好协调,创造经济活力,虽然目前来说这个是比较困难的,但这是以后我们高校和政府、企业联合提高项目效果的一个方向。

做校官的时候和当地的老师、校长、领导都有交流,大家都非常配合和认同。暑期社会实践的时候,收到了很多家长的好评,并且家长支持孩子参与到我们"情暖童心"的工作。

抛开刚才说的根本问题,就拿多维度来说,我们有志愿服务、物品捐赠、科学教育等等各种门类,每个系还会对接一个学校,就会针对一个专门的学校做成长期的对接工作,很多特殊的问题我们都可以达到精准对接需求。

5. "情暖童心"教育精准扶贫行动最能满足您在哪些方面的期待?

让我认为难能可贵的是"情暖童心"项目的持续性,"情暖童心"自成立以来从来没有中断过,这在很多志愿服务项目中都是少有的。并且整个项目还在持续地深化,进一步提高它的影响力。

6. 您对"情暖童心"教育精准扶贫行动的下一步发展有哪些意见建议?

我印象中刚开始那两年,这些活动做得风生水起别开生面,但是到后面的时候会有一个疲软期,不知道自己做什么,怎么做得更好。

下一步的发展应不仅仅局限于我们去帮助他们,而要针对发挥我们搭建平台,宣传包装整个项目的影响力,并且扩大辐射范围,让政府、校友企业、大众社会都广泛地参与进来,让更多的主体和人群都参与到这个项目、这类项目中来。

首批大学生村官法政系 2012 级本科生 张腾英

1. 请分享您在参与"情暖童心"教育精准扶贫行动中印象最为深刻的小故事。

翻看之前的活动记录,除了可爱的孩子们、阳光的同学们、几个令人唏嘘的家庭故事外,来自社会的暖流一直让我难以忘怀。保定交通电台的主播葛静在每一次我们有需要时,都会通过电台的晚高峰节目为我们连线、号召社会爱心力量;住在莲池区的魏阿姨总是关切询问"情暖童心"的动态和需求,除了捐款捐物外更是动员远在美国的女儿,为孩子们准备了一堂趣味英语课。此外还有很多社会热心人士,以自己的方式助力"情暖童心",温暖了我们所有人。

2. 您是哪一年参与的行动,主要负责了哪些内容,当时参与"情暖童心"教育精准扶贫行动的原因是什么?

我参加了 2013、2014 年的"情暖童心",作为研究生院团总支副书记、顺平县安阳乡的"大学生校官",负责组织我校对顺平县安阳乡的定点帮扶工作,通过凝聚在校学生和社会爱心人士的力量,开展了结对、义教、捐赠、心理辅导、走访调研等多形式活动。其实在这之前,我就对社会公益充满了热情,而"情暖童心"又是针对祖国未来花朵的一项教育帮扶行动,其意义深远不言而喻,能参与"情暖童心"是我的荣幸。

3. 您在参与"情暖童心"教育精准扶贫行动后有哪些收获,学校对哪些小环节的设计让您从中受益较多? 参与行动的收获对您的工作是否有积极意义?

学校将"情暖童心"打造为一个平台,鼓励学生团体自主设计、组织并开展活动,这让我学到了激发主观能动的重要性。在 2013 年 11 月,"情暖童心"行动在顺平县教育局进行了一场大学生校官聘任仪式,包括我在内的 12 名学生被任命为 12 所对口学校的校长助理,并为我们颁发了聘书。这满满的仪式感,当时激发了我们成倍的责任感,在之后一年的任期内,12 名大学生校官各施所长,开展了精彩纷呈的活动,产生了较大的社会影响力。如今我在工作中,也有了自己的小团队,我懂得给予伙伴信任和授权,可以达到 1+1 大于 2 的效果。

4. 从您的角度去看,您认为"情暖童心"教育精准扶贫行动在当地的实施效果怎么样? 学生家长和学校的评价如何? 您认为项目的帮扶有没有很好地对接服务对象的需求?

流水的学生,铁打的"情暖童心",学校能连续 8 年坚持一项帮扶行动,本身就非常了不起了。作为毕业多年的校友,从新闻上看到近几年的活动越做越精细,越做越有质量,很受感动。几年来,一代代的学生和老师通过实地调研、教师培训、器材捐赠、义务支教、亲情关怀等方式,从学生、教师、家庭、学校多方面深入开展帮扶活动,为孩子们打开了视野、开放了胸怀,增强了学校教育条件、师资力量,相信其作用是可以造福未来几代顺平县青少年的。

5. "情暖童心"教育精准扶贫行动最能满足您在哪些方面的期待?

在 25 岁的时光里,"情暖童心"这段社会实践经历对我来说很珍贵。参加"情暖童心"行动,与其说是我帮扶他人,不如说是社会的善意和孩子们的真诚温暖了我。在这个行动中,我走访农村、备课支教、结对交流,体验了民生民情,做到了学有所用,更找回了童心,同时,在校团委的指导下,也提升了我的实干能力和领导力,埋下了"乡村振兴"理念的种子。

6. 您对"情暖童心"教育精准扶贫行动的下一步发展有哪些意见建议?

　　"情暖童心"行动开展至今已有十余年,相信这十余年中应该有了不少反响好、效果佳、具有可推广性的活动形式或帮扶模式,希望能将好的模式进行积累、迭代,在不同学校、不同年级或班级间进行推广。另外,开展不定期回访,跟踪帮扶效果,比如,捐赠的物品能否正常使用,学生、老师对活动有什么意见建议,是否还有其他困惑或需求等等。让活动迭代得更精准更有效,落实得更接地气。

华北电力大学电力工程系 2014 级本科生　张文琦

　　1. 请分享您在参与"情暖童心"教育精准扶贫行动中印象最为深刻的小故事。

　　当我作为电力系"情暖童心"实践队员,第一次走进保定顺平县大悲乡中学时,眼前的情景真的久久不能忘怀。当时学校操场是泥土夯实的,老旧的课桌椅吱吱作响。

　　作为一名青年志愿者,亲眼看到大山里留守儿童的学习生活状况,激发了我内心深处强烈的情感。假期支教接近尾声,孩子们恋恋不舍、用稚嫩的声音问:"哥哥,你们以后还会再来吗?""会的,一定会的!"我也毫不犹豫地许下约定。这沉甸甸的约定,从本科到研究生,持续了六年,我参与学校和社会各类志愿服务工作,累计达 3000 余小时。

　　在协助学校组织"情暖童心"社会实践活动时,我号召同学们积极加入,一次次为山区的孩子们,送去学习用品、生活物资、取暖设施等。2018 年,在学校的大力支持下,我和同学们为顺平县筹建了第一所乡村实验室——"电力之光"科学教室,让山里的孩子们同样能享受到城市里的教育资源。

　　一天,我的手机 QQ 上收到了一条消息:"文琦哥,我现在考到北京上大学了。今天申请成为大学生志愿者,今后我也要去帮助更多的人!"这条来自大悲乡山里娃的消息,让我心里涌动着莫名的感动,我突然间明白:志愿服务,远非一次偶然的邂逅,而是一项薪火相传的崇高事业。

　　2. 您是哪一年参与的行动,主要负责了哪些内容,当时参与"情暖童心"教育精准扶贫行动的原因是什么?

　　我是 2015 年 7 月份,跟随电力系参与了"情暖童心"暑期实践队去到顺平县大悲中学开展了为期一周的志愿服务活动。期间主要负责课程的安排、活动的策划,以及稿件宣传报送工作。原因是从入学开始,我就参与了学校的青年志愿者协会,并成为一名青年志愿者,在大一学年跟随校青协、爱心社、红十字会等爱心组织参与了许多志愿服务活动,去到了宏德孤儿院、兴华苑社区、华电小区等地长期开展扶贫、助老、助残等活动,在帮助他人的同时感觉自身价值得到了实现,明白了每个人的一点热忱和暖流总能把人与人的心联通,让社会变得更加美好,成为了他人的雷锋,成为了社会的雷锋,也成就了自己心中的雷锋。这之后也希望通过志愿服务这场爱心接力,去帮助更多的人,传递更多的正能量,让自己的内心变得更加温暖和包容。

3. 您在参与"情暖童心"教育精准扶贫行动后有哪些收获,学校对哪些小环节的设计让您从中受益较多? 参与行动的收获对您的工作是否有积极意义?

在帮助孩子的过程中学会了如何因材施教、巧妙灵活地开展心理辅导和思想引领工作,懂得了授人以鱼不如授人以渔,比起传统的捐衣赠物等物质上的帮扶,精神启迪往往对孩子的影响更为深远,也是支撑他走向更大世界的源动力。

在设计环节上受益最多的是常态化的沟通联络机制,相较于以往的短期支教、点式支教、片段式帮扶,学校和顺平县建立了长期帮扶机制,和学校打通了定期联络桥梁,和孩子们成为长期相伴的知心朋友,这种帮扶更为有效。

"情暖童心"行动对我现在研究生正在从事的学术研究、工作依然起着积极的意义。我也把志愿服务这件事进一步宣传扩散,让更多的人参与到这场爱心长跑中来。

4. 从您的角度去看,您认为"情暖童心"教育精准扶贫行动在当地的实施效果怎么样? 学生家长和学校的评价如何? 您认为项目的帮扶有没有很好地对接服务对象的需求?

我认为实施效果很好、很有意义,我们的行动也得到了学生家长和学校的认可,可以很好地对接帮扶对象的服务需求。

5. "情暖童心"教育精准扶贫行动最能满足您在哪些方面的期待?

首先,扶贫先扶智,扶贫必扶志。"情暖童心"教育精准扶贫不止是扶生活的贫,更是扶精神的贫,这是我最愿意看到的,也是最欣慰看到的成果。

其次,城市和乡村教育不平衡不充分的状况由来已久,我们做的精准扶贫更是教育资源的均衡化和有效迁移,这种思想上的启迪和帮扶往往比物质上的捐赠要意义非凡。

最后,教育是国之大计,习总书记也多次强调,青年兴则国兴,青年强则国强,我们奋斗成才的青年群体不应该仅是享受优越教育资源的城里的孩子,农村娃同样有成才的愿景和期盼。

6.您对"情暖童心"教育精准扶贫行动的下一步发展有哪些意见建议?

首先应当进一步关注孩子们的思想动态,并借用互联网等数字化手段,丰富教学内容,完善帮扶机制。建立起大数据常态追踪机制,对帮扶成效进行测评分析,形成闭环反馈。

教育扶贫不要只关注孩子,同样把帮扶深入到家庭,家长在课下的言传身教往往对孩子的影响也是很大的,建议和当地政府及教育部门共同开展家校联动教育。另外在我们的行动宣传口径和方式上要避免"高级黑"和"低级红",互联网时代是万物留痕的时代,每一个孩子在成人之后都可能看到自己小时候被帮扶的宣传报道,宣传方式上不要一味注重宣传自身,弱化当地,凸显反差。而是要以平和的口吻、亲切的姿态、无差异的视角去宣传。我们除了来自的地方不同、年龄阅历不同,剩下都是一样的,要更注重以朋辈角度关怀人。

华北电力大学计算机系 2014 级本科生 冯芮苇

1.请分享您在参与"情暖童心"教育精准扶贫行动中印象最为深刻的小故事。

我从第一次参与到"情暖童心"到现在已经有 8 年了,每次当我听到"情暖童心"的时候,有很多画面都会出现在我的脑海中,有第一次到保定市顺平县安阳乡中粮希望小学时,看到小朋友们跑出来迎接我们的画面;有我们带着他们在校园里玩老鹰捉小鸡、办黑板报的画面;有我们的队员和小朋友们一起升国旗、唱国歌的画面;有我们每次离开的时候隔着车窗和小朋友们道别的画面;还有队员们和小朋友们分别后在 qq 群里聊天的画面。

最深刻的还是我和队员们带着我们的航模、智能车去的那一次。我们带着小朋友们在教室里观看科技宣传片,一起制作航模,一起在楼道里搭起智能车轨道。我至今还记得,那个时候我们带着小朋友们一起从科技宣传片里感受先进技术带来的震撼。教室里,一个个小朋友伸着脖子盯着宣传片里炫酷的画面，此起彼伏的响起"哇"的声音。然后，我们带着小朋友们亲自动手制作航模、操控智能车。院子里，有的小朋友好奇地追着智能车跑，有的趴在地上想看清楚那些小车怎么做到如此灵活，有的追着我们的队员们一直问个不停。一架架小小的航模飞机从他们手里起飞，我从他们的眼睛里看到了光，看到了那些新奇的事物带给他们的震撼，也能感受到他们真地触摸到先进科技时候的兴奋。那次活动对我们队员而言，可能只是一个普通的周末，给一群小朋友们展示了一下我们平时做的小成果，但对那些小朋友而言，或许是打开了他们新世界的大门。

2. 您是哪一年参与的行动，主要负责了哪些内容，当时参与"情暖童心"教育精准扶贫行动的原因是什么？

我 2015 年到 2018 年都参与了"情暖童心"活动。第一次参与"情暖童心"，是大一结束的暑假，当时只是听说有这样一个暑期志愿服务活动，出于好奇，想去看看。作为一名普通的学生志愿者去参与的，跟着带队老师和学长学姐一起去了保定市安阳乡中粮希望小学，负责教 1—3 年级的语文、游戏、校园板报。那一次短暂的十天左右的相处，我对那里的环境、学校和小朋友们产生了感情，希望能够把更多好玩的东西带到那里，希望能够对那里的一些小朋友有所帮助，可能只是给他们一些陪伴，或者带他们见到一些新鲜的事物。所以，在后来我在校的三年时间里，我又多次参与了"情暖童心"，其中有几次是作为小队长带着系里的同学们一起过去。有的时候是以暑期实践的形式，去那边待十天左右的时间；有的时候只是当天去当天回，去做一些科普性质的短期活动；也有时是跟学校其他院系的小伙伴们一起接待从那边过来参观的小朋友们。可以说第一次参与"情暖童心"是一个偶然的尝试，后来持续的关注和参与是我从内心对"情暖童心"行动必然的选择。

3. 您在参与"情暖童心"教育精准扶贫行动后有哪些收获，学校对哪些小环节的设计让您从中受益较多？参与行动的收获对您的工作是否有积极意义？

"情暖童心"带给我的收获，很难清晰量化地说出来。我能感受到，"情暖童心"让我的内心更细腻柔软，能感受到内心更多的爱，体会到自己的价值。当然，"情暖童心"也让我认识了很多优秀的前辈，还有很多跟我一样志同道合的小伙伴，他们都为这一行动付出了很多，有些人甚至角色变换、更换岗位都依然在坚持,他们的先进事迹也让我学到很多。

说到小环节的设计,我一直很感激学校的一个举措,就是让一个系和一所被帮扶学校一一对应,这样的举措能够形成持续连贯的互助帮扶。我们计算机系一直对点帮扶的是安阳乡中粮希望小学,我从刚入大学的时候去参与第一次行动,到自己毕业前参与最后一次行动,见证了几个小朋友从一年级到四年级的成长。在一次次的见面和相处中,我们彼此之间更加熟悉、更加了解、更加信任。与其说是我们给他们带去陪伴和成长,不如说,是我们队员们和一个群体的小朋友们互相陪伴、一起成长。

4.从您的角度去看,您认为"情暖童心"教育精准扶贫行动在当地的实施效果怎么样? 学生家长和学校的评价如何? 您认为项目的帮扶有没有很好地对接服务对象的需求?

我认为实施效果很好。之前每次去中粮,都会几个队员结伴去小朋友家里进行家访,小朋友的家人很多都表示,很感谢我们可以过去,尤其是暑假的时候,很多小朋友家里都是只有爷爷奶奶在,爸爸妈妈外出打工,我们的行动带给他们很多的陪伴。

我认为项目的帮扶能够很好地对接服务对象的需求。我们去的中粮希望小学,很多小朋友是留守儿童,或者家里祖祖辈辈都务农,没有走出过那个小小的村庄。我们能够带去的不仅仅是一次次短期的陪伴,更重要的是带去了他们跟先进的科技、教育能够连接的信息和纽带。对他们而言,这样的帮扶行动可能真的可以打开小朋友对待更广阔世界的向往,激励他们更加努力,走向自己更光明的未来。

5."情暖童心"教育精准扶贫行动最能满足您在哪些方面的期待?

在参与"情暖童心"之初,"情暖童心"的政策、举措,满足了我对于一个志愿服务活动该是什么样子的期待。"情暖童心"的每一次行动都非常高效、清晰、安全,也给每个小分队足够的自由空间,发挥不同专业所长。我觉得,这是一项成功的行动。随着我对"情暖童心"的感情越来越深,我觉得它满足了我作为一名中共党员、当代大学生对发挥自己所长服务社会的期待,"情暖童心"为我们提供了安全、安心的环境,给我们提供各方面充分的条件,以及创新的行动方式,使得我们每个队员的每次行动都能够放心大胆地去思考、探索、实践,全心投入,尽己所长,去服务和奉献。

6.您对"情暖童心"教育精准扶贫行动的下一步发展有哪些意见建议?

希望可以给已毕业校友开放一些服务通道。我们很多队员其实都对"情暖童心"有深厚的感情,即使毕业了大家还是会互相聊起来,甚至跟之前的小朋友建的群里也会有人说说话,聊聊天。但是,大多数队员还是没有足够的能力去重新组织、联络原来服务的学校。或许,如果"情暖童心"可以给已毕业的校友开放特殊服务通道,许多心有余而力不足的"老队员"还可以带着自己的热情和情感继续投入,这个行动也是我们大家都愿意延续的一份事业。

华北电力大学环境工程系 2015 级本科生　荆润秋

1.请分享您在参与"情暖童心"教育精准扶贫行动中印象最为深刻的小故事。

一开始过去的时候,每个教室都有那种国家补贴加的液晶屏电脑,但是孩子们说没有老师用过那种液晶屏,是因为师资力量、学校建设的限制,许多老师不会使用;还有的话就是,孩子们接触新的事物(航模等),他们流露出来的喜欢、激动;有一天听课,是连续的几个雨天(停水停电两天),但是孩子们还是愿意点着蜡烛,继续来画画。

2.您是哪一年参与的行动,主要负责了哪些内容,当时参与"情暖童心"教育精准扶贫行动的原因是什么?

参与过 2016 年、2017 年两次,第一次是到顺平县乡下去,第二次是接待来到华电参加夏令营的孩子们。2016 年主要是负责教孩子们合唱、写稿子,第二年是负责整体的组织。原因大家都差不多,都是想着参与进去,然后体验一下不一样的生活,给其他人提供一些力所能及的帮助,也可以拓展一下视野,去发现城市和农村当时的差距有哪些。其实还有就是大一新生的时候从老师那里得到关于项目的一些了解,出于对项目的喜爱与好奇,便答应了要参与到项目中去进行锻炼。

3.您在参与"情暖童心"教育精准扶贫行动后有哪些收获,学校对哪些小环节的设计让您从中受益较多? 参与行动的收获对您的工作是否有积极意义?

大部分收获是比较积极的,是一种双向受益的过程,孩子们可以从我们身上学到一些知识、了解一下外面的世界,我们也能从这个活动中、从孩子们的身上学到一些处事的态度、方式,丰富我们对这个世界的认知。小环节的话是一次有总结意义的汇报演出的准备过程,还有就是带着孩子们参观创新团队,是比较快乐的一个过程。

4. 从您的角度去看,您认为"情暖童心"教育精准扶贫行动在当地的实施效果怎么样?学生家长和学校的评价如何?您认为项目的帮扶有没有很好地对接服务对象的需求?

之前参与的时候感觉效果还是很好的,在回访的过程中发现孩子们还能记住我们,而且反响、反馈都是很好的,还写了信,给了我们小礼物,其中还有两个有联系的同学现在已经考上大学了。能够缓解当地的教育压力,补充了当地的教育资源。家长和学校整体反响还是不错的,但是不是所有学校都愿意支持,态度不一,但是整体的态度、安排、支持力度还是很好的。

5. "情暖童心"教育精准扶贫行动最能满足您在哪些方面的期待?

主要还是精神层面的满足,能够丰富自己的见识,能够有一定的体验经历。

6. 您对"情暖童心"教育精准扶贫行动的下一步发展有哪些意见建议?

我觉得品牌项目的推广度还有待进一步提升,还有就是之前座谈会中提到的思想政治课的下乡,加强教师培训,继续提升师资力量、专业知识;加强后勤保障、奖励机制的建立,保证学生志愿者的热情,也能加强奖励体系的建立;重视该项活动的连续性的增强,带来更多的正能量,争取引导大部分孩子树立正确的价值观;要重视加强甄选、评价志愿者的工作。

华北电力大学法政系 2015 级本科生　孙文慧

1. 请分享您在参与"情暖童心"教育精准扶贫行动中印象最为深刻的小故事。

在 2017 年暑期活动中我们安排一个志愿者对接一个孩子,我对接了一个非常乖巧内向的女孩,而我自己作为法政系的带队队长因为各项事务一直很忙,没能及时注意到这个第一次离开家的女孩的一些细微情绪。可当我还在想方法安慰她的时候,她却主动先来跟我说姐姐辛苦了,让我注意休息,这一句话真的让我很感动。

2. 您是哪一年参与的行动,主要负责了哪些内容,当时参与"情暖童心"教育精准扶贫行动的原因是什么?

我大一的时候跟随一名很优秀的学姐第一次参与了"情暖童心"活动,

2016年暑假期间我跟随院系队伍到顺平县实验中学开展了一次活动。2017年暑假,学校邀请顺平县的孩子们来到华电校园开展了为期七天的夏令营,而我作为法政系的队长带队参与其中,主要工作就是组织、策划和协调我们系活动开展。在课程和活动进行过程中,我们坚持发挥院系特色,组织特色课程,从人文角度出发培养孩子们的法律意识和感恩意识。还利用学校的法袍、法槌、法官椅等道具开展了一次模拟法庭活动,让志愿者和孩子们共同参与、扮演、观看,并在此过程中科普了法律知识。

我最初参与到"情暖童心"行动是有学长学姐的带领,而在一次次活动中深入了解了"情暖童心"项目之后我更愿意主动参与其中;"情暖童心"的精神在法政系同学们之间一代代传承,我也愿意担起自身的责任,拼尽全力地参与到志愿服务全过程,虽然有时很辛苦,但是我觉得非常有意义,也收获了很多美好回忆。

3. 您在参与"情暖童心"教育精准扶贫行动后有哪些收获,学校对哪些小环节的设计让您从中受益较多? 参与行动的收获对您的工作是否有积极意义?

在参与"情暖童心"的过程中,我们需要考虑多方面的事情,包括课程和活动的内容、形式,尽可能发挥自己的创意来设计课程和特色活动。并针对孩子们各自的特点和实际的活动情况及时调整,确保所有课程和活动可以顺利实施。这段经历于我而言是一种提升,不仅提高了我的工作能力,更让我学会了运用自身的专业知识,尽可能将自身所学和生活实践结合。同时作为一个法学生,我也意识到了普法工作的必要性和难度,能在志愿服务活动的同时向孩子们普及法律知识,让他们学会用法律的武器保护自己,这让我觉得十分有意义和价值。

4. 从您的角度去看,您认为"情暖童心"教育精准扶贫行动在当地的实施效果怎么样? 学生家长和学校的评价如何? 您认为项目的帮扶有没有很好地对接服务对象的需求?

作为具体实施者,我个人并没有完全接触到整个项目宏观实施状况,但从具体实施过程中、从当地学校的大力支持、家长的一致好评、孩子们的欢迎声中我深刻感受到"情暖童心"的积极意义和良好的实施效果。

我认为我们的帮扶还是积极满足了对接服务对象的需求,我们通过一对一帮扶和孩子们进行线下或者线上的深入沟通,志愿者可以很好地引导孩子,向他们传递积极正确的价值观、满足他们对知识的渴求,帮他们排除不良影响,感受科技和知识的力量。

5."情暖童心"教育精准扶贫行动最能满足您在哪些方面的期待?

主要满足了我对公益实践的期待,感谢学校给我提供了一个广阔的平台、一个宝贵的机会。

6.您对"情暖童心"教育精准扶贫行动的下一步发展有哪些意见建议?

我希望"情暖童心"在未来可以构建起常态化、长效化的对接机制。目前我觉得项目存在着志愿者之间缺少沟通、志愿服务开展比较浅层这两个问题。我们一直都是利用暑假时间开展志愿服务活动,时间比较短、次数也会受到限制,同时我们的服务对象也一直在更替,没有长期、长效的对接机制。

未来我们可以深入家庭、学校调查帮扶对象,进行数据采集,获取相关信息,给帮扶对象"建档立卡",并加入相应的评估标准,作为项目开展的具体反馈。而且这样的档案可以一直传递下去,这样我们就可以服务帮扶对象的成长全过程,使项目的意义和价值得到进一步提升,也为未来项目的开展提供良好基础。

华北电力大学电力工程系 2016 级本科生　高婷玉

1.请分享您在参与"情暖童心"教育精准扶贫行动中印象最为深刻的小故事。

最令我印象深刻的一件事情是在一个冬天的早上和学校的志愿者们一起去顺平县组织"暖冬行动"。冷风肆虐,天气无情人有情。严寒的冬季已然到来,我们都可以坐在温暖的教室上学,有暖和的棉衣,然而,在山区贫困家庭的孩子们,他们没有过冬的棉衣,没有暖和的手套,更没有可以暖手的暖手宝。冬天,对于他们而言,是一段十分艰难的时光。暖冬行动让山区孩子开心地过个好年,其中 124 位同学有了过年的新衣,78 名同学收到暖冬组合礼包,可以御寒取暖,让这个冬天不再寒冷。在捐赠过程中,我们和当地的孩子们进行了亲切的交谈,他们十分欣喜收到我们的捐赠,看着他们脸上洋溢着笑容,我也十分地满足可以通过自己的努力为山区的孩子们做出一点帮助。

2.您是哪一年参与的行动,主要负责了哪些内容,当时参与"情暖童心"教育精准扶贫行动的原因是什么?

　　我大概是 2018 年参与的"情暖童心"的活动,当时主要负责这项活动的组织安排之类的工作。比如说志愿者的选拔以及工作安排,还有就是最后材料的整合工作。当时参与活动的原因,一方面是因为自己也是一个农村的小孩,对他们这些贫困地区的孩子对科学的渴望感同身受,就非常可以理解他们对科学的向往,对知识的渴望,所以希望可以用自己的努力帮助他们实现自己的科学梦,在提升自己的同时,可以帮助到他人,还可以弥补自己小时候的一种缺憾,何乐而不为? 感谢学校给了我这么一个机会,可以和孩子们一起成长,在这项活动中,我也认识了很多优秀的志愿者们,这些都是我人生的宝贵财富。

　　3. 您在参与"情暖童心"教育精准扶贫行动后有哪些收获,学校对哪些小环节的设计让您从中受益较多? 参与行动的收获对您的工作是否有积极意义?

　　参与精准扶贫活动的收获,主要是对自己成长的历练,包括参与组织的这些活动,如暖冬行动、组建电力科学实验室等。每一项活动都需要考虑很多的东西,比如说选择哪些学院,什么时候出发,都需要和学校的老师协调或者当地的教育局协调,希望他们可以配合我们的工作。参与这些活动对我后来的一些工作都有重要的意义,这个经历让我更加开朗,更加积极向上,与别人沟通协调的能力也有所提高,这个活动让我感受到了奉献的快乐,今后我也会参加更多类似的志愿服务活动,践行公益活动的初心和使命。

　　4. 从您的角度去看,您认为"情暖童心"教育精准扶贫行动在当地的实施效果怎么样? 学生家长和学校的评价如何? 您认为项目的帮扶有没有很好地对接服务对象的需求?

　　"情暖童心"在当地取得了非常好的效果,中青网、中国教育新闻网等众多国内新闻媒体对"情暖童心"公益行动进行了长期跟踪报道,并对该项目给予了"具有高度的社会责任感,践行社会主义核心价值观"的高度评价,希望该项目能长期开展下去,惠及更多留守儿童。情暖童心很好地对接了服务项目的要求,每周的科学课让他们真正地体验到了城里孩子的科学课,在不增加农村父母负担的情况下,孩子们可以获得更加全面的发展,家长们也十分支持此项活动。

　　5. "情暖童心"教育精准扶贫行动最能满足您在哪些方面的期待?

"情暖童心"可能对我更多的是一种情怀的满足,因为我希望弥补自己小时候因为没有实验课和实验器材缺失的科学梦,所以我希望通过我的努力弥补其他孩子对于科学的一种需求。学校开设的这个活动,我认为是极大地满足了孩子们的要求,"情暖童心",满足了我对服务社会的一种向往,满足了我当志愿者的需求,让我对志愿者这个角色有了更加深刻的理解,它是我人生中不可或缺的一部分,我希望我可以付出更多的努力去帮助这些孩子们,我会更早地加入"情暖童心"活动的志愿组织,可以为孩子们多服务一年或者半年,增加我生命的财富。

6. 您对"情暖童心"教育精准扶贫行动的下一步发展有哪些意见建议?

与时下结合,针对疫情期间人员不便大量流动的情况,学校可以尝试组织在校学生与孩子们进行互联网沟通。利用短视频等方式为孩子们展示先进的科研设备,用网课直播形式在课余时间为孩子们授课,并及时答疑解惑。这样可以减少志愿者的流动,也可以让孩子们在有限的时间里学到更多的知识。

华北电力大学法政系 2016 级本科生　任怡霏

1. 请分享您在参与"情暖童心"教育精准扶贫行动中印象最为深刻的小故事。

有一次我在上课时问到孩子们最大的梦想是什么,然后一个孩子说他的梦想就是将来要上华电,在那一瞬间我就感觉到了支教的意义,通过自己的力量去影响到这些孩子原来正是支教的价值。

2. 您是哪一年参与的行动,主要负责了哪些内容,当时参与"情暖童心"教育精准扶贫行动的原因是什么?

我第一次参与到"情暖童心"是 2016 年,也是我刚入学的第一年,我当时主要负责一些教学工作。

参加"情暖童心"的原因非常简单,单纯出于我个人对公益实践活动的向往。当时正好遇到"情暖童心"在招募志愿者,所以我就想利用这个机会锻炼自己,同时利用自身所学去帮助那些孩子,让自己做些有意义的事发光发热。

3. 您在参与"情暖童心"教育精准扶贫行动后有哪些收获,学校对哪些小环节的设计让您从中受益较多? 参与行动的收获对您的工作是否有积极意义?

就我自身而言,对我的语言表达、组织协调以及责任心等多方面都有一个很大程度上的提升。而且能够在帮助别人的过程中去实现自己的人生价值,对我自己的自信心也是一个很大的提升。而且"情暖童心"活动本身就是非常有积极意义的,让高校志愿者们把自己学习到的知识带给贫困地区的孩子们,丰富了他们去接触外界的新渠道。

学校让我们自己筹备课程,也是给了我们一个自我发挥的平台。我们在给孩子上课之前进行分组备课,然后再去进行试讲,在这一个过程中不断打磨自己的教学设计,并去考量用怎样的语言能够更容易让孩子接受,这些对我们来说是一个很有价值的锻炼,具有很大的积极意义。

4.从您的角度去看,您认为"情暖童心"教育精准扶贫行动在当地的实施效果怎么样?学生家长和学校的评价如何?您认为项目的帮扶有没有很好地对接服务对象的需求?

"情暖童心"在当地的实施效果是非常好的。首先从孩子方面,他们的成绩有一个普遍的提升,他们的性格也变得更加开朗。其次学生家长和学校的评价也非常好,从学生和家长们反馈给我们的很多感谢信就能体现出这些。再次,因为"情暖童心"构筑的"三位一体"帮扶体系,让高校联动政府、企业等多方面资源,提高了"情暖童心"项目的实际价值,使得我们的"情暖童心"行动更有效地帮助到顺平县贫困留守儿童。

在项目开展的初期"情暖童心"也同样存在一些不足,最初我们的想法是主要针对贫困留守儿童,我们开展的"七彩课堂"等活动比较笼统,针对性没有那么强,但是随着项目的开展,我们也逐渐发现了这个问题,也总结了顺平县留守儿童的一些比较突出的特点。尤其针对当地教育的科学实践课等一些缺失,我们也在活动过程中不断调整教学方案,并给孩子们送去了相应的物资。我们在活动进行当中,一直在不断调整,就是为了去更好地对接服务对象的需求,让自己做得更精、做得更专,也更加符合并且彰显我们学校的一些学科特色。

5."情暖童心"教育精准扶贫行动最能满足您在哪些方面的期待?

我觉得"情暖童心"满足了我对"双向成长"的一个期待。我们在项目进行的过程中一直在宣扬志愿者和孩子们双向成长的理念,我们的活动不仅仅是对孩子们的单向输出,让孩子们能够接受更多的知识和理念、开阔眼界;同时我们自己在"情暖童心"活动的过程中也在不断提升自己,实现自己的个人价值,这样一个双向成长的过程,我觉得也是非常宝贵的。

6.您对"情暖童心"教育精准扶贫行动的下一步发展有哪些意见建议?

"情暖童心"其实是一个长期活动,项目开展至今为止已有五六年,已经打下了优良的基础,但是由于现在的疫情稍微有些受限。疫情防控阻击战是一场持久战,而我觉得不能因为疫情就阻断"情暖童心"项目的进行和发展,我们应当综合当地教育水平、家庭收入情况等多方面因素更多地去考虑线上课堂的建设,开展线上对接工作,把"情暖童心"活动不间断地、持久地做下去。

华北电力大学经济管理系 2017 级本科生　宋明浩

1.请分享您在参与"情暖童心"教育精准扶贫行动中印象最为深刻的小故事。

暑假支教行的第一天,同学们都早早来到学校参加暑假支教活动,背着小书包有序走进学校,看见志愿者们的第一个动作就是敬少先队队礼,叫道:"老师好!"紧接着,"老师,我的妹妹在家没人带,我能带着她一起上课吗?我保证她不影响课堂。"听到这,是震撼,是感动,他们是尚处在小小年纪的留守儿童,就要照顾弟弟妹妹,他们更是我们志愿者心中最美的天使,我们愿意为他们铸炼翅膀,让他们飞得更高。

课堂上,妹妹坐在姐姐的旁边安静地玩游戏,姐姐认认真真地听着志愿者们教授的知识,偶尔看一眼自己的妹妹,并立刻继续认真听讲,生怕漏掉了一点内容。小火箭的制作、颜料雨实验的开展,欢声笑语的同时,也学到了知识,锻炼了动手操作能力。烈日下的汗水浸湿了她们的衣襟,却阻挡不了她们对知识的渴望。

课程进行到了一半,妹妹困了,我问妹妹要不要我抱着她在教室睡,妹妹却只要她的姐姐抱。姐姐把妹妹搂在怀里,仍然听着老师讲课,妹妹乖乖地睡着了。姐姐刚读一年级,本应该是被宠爱、被照顾的那个孩子,却承担起了家庭的责任,或是说更像一个成年人,更像一个家长,替自己的父母弥补弟弟妹妹们缺失的母爱。那她们自己呢?我们志愿者的心触发万千情绪,是感动、是难过、是激情、是无奈、是热爱、是奉献⋯⋯我们愿意以己之力,帮助留守儿童,号召社会,为他们的梦想护航。

2.您是哪一年参与的行动,主要负责了哪些内容,当时参与"情暖童心"

教育精准扶贫行动的原因是什么？

我于 2019 年 7 月 19 日到达顺平县台鱼乡导务小学，开始了七天的"情暖童心·科技筑梦"暑期社会实践。主要负责教授小学一年级的语文课和科技课。

由于农村生活条件的限制，孩子们的生活中缺少必要的科技教育，科学课开课率低，像汽车、飞机等科学技术在大多数孩子心中还是陌生的存在，向往也无法得到满足，他们缺少与城市孩子一样公平成长的机会，为补充、优化农村科学教育资源，我立志用知识用科技的力量培养他们的创新意识。因此，我毅然报名成为一名"情暖童心"的志愿者，奉献青春力量的同时，留下永生难忘的美好回忆。

3. 您在参与"情暖童心"教育精准扶贫行动后有哪些收获，学校对哪些小环节的设计让您从中受益较多？参与行动的收获对您的工作是否有积极意义？

在"电力之光"科学实验室中，油层颜料雨实验中，孩子们目不转睛地盯着我熟练地操纵手中的器材，一步一步讲述实验步骤及实验现象，随后孩子们将颜料和油混合，制造出颜料雨，宛如 3D 版油画一般梦幻。

科学普及之外，志愿者们还从爱党爱国、感恩教育、素质拓展、艺术教学、自护教育、课程辅导等方面为农村留守儿童进行了普及教育。基于我校学科优势，在为孩子们带去科学文化知识的同时引导孩子们树立崇尚科学、科技改变生活的价值观念，将来为家乡建设贡献力量。

在孩子们眼里，我们这群小老师，上知天文，下知地理，是无所不知无所不能的神人，我们是他们看外面世界的眼睛，我们带给他们以前没接触过的新鲜事物。同时，我们也能从中学到很多，学会耐心、备课、团队合作、把握上课时间，更理解了"老师"的真正内涵——交心，教行，为学生树立良好的价值观，方能让学生在人生路上不断远行。这一段支教经历，为我在奔赴新疆进行为期一年的支教生活积累了宝贵的经验，也为我的人生增添了浓墨重彩的一笔。

4. 从您的角度去看，您认为"情暖童心"教育精准扶贫行动在当地的实施效果怎么样？学生家长和学校的评价如何？您认为项目的帮扶有没有很好地对接服务对象的需求？

我认为连续几年的"情暖童心"教育精准扶贫行动,推动了当地的教育事业的发展,志愿者们用心对待每一节课程、每一个活动,拓展了当地孩子们的眼界,为他们带去了知识和梦想,更带去了宝贵的精神财富。当年的扶贫行动得到了小学老师、家长及学生的大力赞扬:"志愿者们面对一个又一个难题,不放弃,团结协作,努力克服的精神,代代相传。他们的实际行动,看在我们的眼中,记在孩子们的心里。"

5. "情暖童心"教育精准扶贫行动最能满足您在哪些方面的期待?

"情暖童心"教育精准扶贫行动结合华电和各院系特色,定点开展教育教学活动,让志愿者们真真切切地体验、感受到了农村儿童对于读书所面临的困难以及家长们渴望孩子们成长成才的迫切心情,我们在当好老师,为孩子们播种梦想的同时,也在思考:自己从小接受良好教育,各个阶段给予我们知识和力量的老师,无条件为我们付出的父母,成长路上相互鼓励、相互帮助的同学,我们是幸运的,我们更应该珍惜这来之不易的学习生活。

6. 您对"情暖童心"教育精准扶贫行动的下一步发展有哪些意见建议?

在疫情好转的前提下,邀请当时受教的同学走进大学校园,设置一系列活动来引导、鼓励学生树立远大理想。

华北电力大学经济管理系 2018 级研究生　吴爽

1. 请分享您在参与"情暖童心"教育精准扶贫行动中印象最为深刻的小故事。

我在支教的过程中,遇到了一个小女孩,女孩非常腼腆,不爱和同学玩,总是自己一人坐在教室的角落里。但是在上课的过程中,她每次都昂首挺胸,聚精会神地听讲,在观察到这一现象后,我找她到操场,陪她聊天。我了解到女孩的父母常年在外务工,家中只有她、爷爷奶奶和弟弟四个人,每天下课后回到家里她要照顾弟弟,周六日还要去帮爷爷奶奶摘桃子。她不爱与同学交流是因为觉得自己每天就是照顾弟弟,帮助爷爷奶奶做家务,没有时间和机会去接触新事物,和同学聊天的时候会紧张不自信。但是她知道只有好好学习才能改变自己的现状,所以才更加珍惜每一次上课的机会。当我问她的梦想的时候,女孩的答案很出乎我的意料,她说她的梦想是希望家里的桃子是最甜的,这样大家都来买她家的桃子,她的爸爸妈妈就可以回家,爷爷奶奶也不用那么辛苦了。她还只是个 10 岁的孩子,家庭的负担却让她早早地成熟,虽然失去了很多童年的快乐,但是她依然对未来充满向往,希望日后再与她相遇,不是在顺平县的小村庄,而是在星光熠熠的大城市里。希望那时,她依然如10岁这般,眼神坚定、干净利落、昂首挺胸。

2. 您是哪一年参与的行动,主要负责了哪些内容,当时参与"情暖童心"教育精准扶贫行动的原因是什么?

我在2019年、2020年暑期两次加入"情暖童心"队伍,担任"情暖童心"经管系分队队长,主要负责课程设计、日程安排、学生安全管理等方面。2019年加入"情暖童心"的原因是在我的成长过程中,遇到了很多关心照顾我的老师,在他们的照顾下我逐渐变得开朗、自信。我一直梦想着有机会能够把这份爱传递下去,让更多的人感受到被爱的温暖。2020年暑期我再次加入"情暖童心"的原因是在顺平县岛务小学有了牵挂,想再回去看看曾经带过的孩子们,当我再次看到他们,他们都变得阳光快乐,我突然明白支教的意义,也感受到了教育带给孩子的影响。

3. 您在参与"情暖童心"教育精准扶贫行动后有哪些收获,学校对哪些小环节的设计让您从中受益较多? 参与行动的收获对您的工作是否有积极意义?

我在参与"情暖童心"教育精准扶贫行动后,对扶贫有了新的思考和认识。在去支教之前,我们的准备工作主要集中在物质层面,想尽可能地为孩子们多筹集到学习用品,但与学生相处过后我意识到相比于物质赠与,孩子们更需要陪伴,精神需求大于物质。同时我也意识到帮助别人也是要考虑方式方法的,物质帮助并不会带来长久的改变,只有带学生认识到更广阔的世界,在他们需要的时候给与及时的关心和鼓励,才会给学生带来源源不断的动力。现在的我在学校里面负责学生资助工作,"情暖童心"教育精准扶贫的经历给我的工作带来很多启发,让我更加关注扶智,更多地去思考如何为学生提供真正的帮助,如何让扶贫工作更有效地发挥作用。

4. 从您的角度去看,您认为"情暖童心"教育精准扶贫行动在当地的实施效果怎么样? 学生家长和学校的评价如何? 您认为项目的帮扶有没有很好地对接服务对象的需求?

华北电力大学"情暖童心"教育精准扶贫行动已经延续了很多年,在教育精准扶贫方面形成了比较成熟的帮扶体系,志愿者的经验也逐渐丰富,专业背景更加多元化,从多方面多角度为当地学生授课,丰富学生的课余生活。从去年暑期开始,又增加了工作日线上支教的模块,更加紧密地联系学生,教育精准扶贫效果显著提升。从后面与学生家长及学校负责人的沟通来看,家长和学校层面对我校"情暖童心"项目十分认可,他们反映大部分学生在我们的陪伴鼓励下,逐渐变得开朗,也感受到学习的乐趣,逐渐地减少使用电子产品的时间,更愿意去读书,做科学小实验等,而且现在越来越期盼志愿者到学校支教。"情暖童心"项目一直坚持与学校负责人对接,每一次开展行动前都会去了解学生需求,在规定动作的基础上,根据学生的爱好去设计课程。

5. "情暖童心"教育精准扶贫行动最能满足您在哪些方面的期待?

我觉得教育的过程是双向的,我们在给孩子带来陪伴、带来知识的同时,我们也从孩子们身上看到了自己曾经的影子,孩子们澄澈的眼神、天真的话语提醒我们在成长的过程中无论遇到什么事情,都应该保持初心。"情暖童心"教育精准扶贫行动让我意识到自己曾经也是个天真无邪的小孩子,而且在支教的过程中,我忘记了成年世界的烦恼,那一周我也是个快乐的孩子。

6. 您对"情暖童心"教育精准扶贫行动的下一步发展有哪些意见建议?

我认为"情暖童心"教育精准扶贫行动应该在支教结束后与学生加强联系,定时回访,也可以加入一对一帮扶,更有针对地去开展帮扶行动。

华北电力大学机械工程系 2019 级本科生　赵振秀

1. 请分享您在参与"情暖童心"教育精准扶贫行动中印象最为深刻的小故事。

印象最深刻的就是,在我们支教的最后一天,我们开展了一场汇报演出,邀请了老师们来欣赏,在短短的几天里,小朋友们就以出色的表现顺利完成演出,我们给小朋友们颁发了奖状,并告诉他们我们要走的消息,能够明显地感受到小朋友们情绪的变化,从演出完的喜悦到离别的伤感。那次我们也做了回"明星",我们纷纷合影留念,拿出笔,在我们的队服上签上了他们的名字,他们也把我们的联系方式写在了本本上,方便再次联系,我们相互地拥抱着对方,他们询问着我们下次什么时候还来。我们把他们送出了校门,在阳光的照射下,仿佛看到了他们眼角闪烁的泪光。

2. 您是哪一年参与的行动,主要负责了哪些内容,当时参与"情暖童心"教育精准扶贫行动的原因是什么?

我在 2021 年暑假参与的行动,主要负责日常安排,包括课程制定、分配事务等,我想要去参与"情暖童心"教育精准扶贫行动的原因是因为爱,是作为志愿者,尽己所能,不计报酬,帮助他人,服务社会的爱,我希望将这个信念带到贫困地区,带到最需要它的地方。第二个原因是责任。作为一名大学生,有责任在奉献自己的同时实现自身的价值。为那里的孩子做点什么,我想给山区的孩子们带去知识,他们可能没看到过外面的大千世界,想给他们带去外面的世界,带给他们学习的动力,可以让更多的孩子通过学习去改变自己的人生轨迹。

3. 您在参与"情暖童心"教育精准扶贫行动后有哪些收获,学校对哪些小环节的设计让您从中受益较多? 参与行动的收获对您的工作是否有积极意义?

这次社会实践活动增强了我灵活应变的行事能力,培养了我不怕吃苦、甘愿吃苦的品质,同时我也深刻明白了为什么说我国仍处于并将长期处于社会主义初级阶段,为我认识社会、了解社会、步入社会打下了良好的基础。受益最多的是科学实验小环节,在这个环节中,孩子们对科学的渴望使我倍感欣慰,同时在指导孩子们的时候我感觉和他们的距离极大地缩小了。也是在这次科学小实验中,我个人的耐心也得到了极大提升,面对孩子们的各种问题,我都耐心地作了解答。我相信在日后的学习生活中,面对学习和工作中的各种问题我也会耐心地去解决,面对困难我也会迎难而上,继续发挥本次活动培养出来的不怕苦的精神,做到以苦为乐的心态。

4. 从您的角度去看,您认为"情暖童心"教育精准扶贫行动在当地的实施效果怎么样? 学生家长和学校的评价如何? 您认为项目的帮扶有没有很好地对接服务对象的需求?

在我看来,本次活动达到了预期效果,通过和孩子们及学校老师的沟通,发现本次活动丰富了孩子们的假期生活,孩子们体验到了平时在学校体验不到的新东西,在我们力所能及的范围内极大地开阔了孩子们的视野,也在一定程度上激发了他们对科学、艺术的渴望,建立了孩子们的团队合作意识,同时我们也帮助孩子们了解了中国共产党党史以及党的先进人物事迹,让他们明白现在的生活来之不易,孩子们表示在以后的学习生活中会更加努力,通过自己的努力让自己的家庭、家乡变得更加富有。我觉得最长久的扶贫是教育,所以我认为孩子们这样的感悟是对我们这次活动的肯定。最后一天,当地学生家长、学校以及政府都对此次活动表示了极大的赞赏和肯定。本次项目的帮扶确实很好地对接了服务对象的需求,即丰富了孩子的假期生活,拓展了孩子的视野等等。

5."情暖童心"教育精准扶贫行动最能满足您在哪些方面的期待?

主要满足了我作为一个机械学生为中国乡村教育做点贡献的期待,也许只是一点点微不足道的力量,但是在实践活动过程中每一次看到孩子们的笑容时,其实我心里笑得比他们还要甜,从乡村走出来的我始终心里还是想着乡村,我也希望孩子们通过教育改变命运,在这次活动中通过几天的交往,实现了我渴望与孩子们交朋友的期待,孩子们每一声"小赵老师"都让我无比激动和开心,孩子们的实验成功、游戏胜利都是在告诉我参加这次社会实践活动特别值得,至此,我认为在顺平县我没有吃苦,反而是在"享福"。我也认为满足了我来之前的所有期待,实话实说也吃了一点点小苦,但这也极大地促进了我的个人成长,锻炼了我的个人能力。

6.您对"情暖童心"教育精准扶贫行动的下一步发展有哪些意见建议?

(1)建立更加长久有效的机制,如果有可能将本次活动时间拓展到不仅仅是暑期就更好了,比如在学期期中组织一次短期大学生访问小学生,呵护学生成长健康,关心学生学习情况并给予相应的学习指导与经验分享,让我们学校的优秀大学生成为孩子学习生涯的一个小小引路人。

(2)使活动开展更为广泛,参加活动的人数有限,但是可以为此出力的本校学生有很多,在学校内通过募捐,以及录制视频、撰写征文等方式将我们的生活分享给他们,将我们对他们的期望送过去,让孩子们感受到温暖,甚至可以将学校组织的智能车大赛等能激发学生兴趣的活动进行录制或者用其他方式展现给孩子们,拓展孩子们的视野,激发其对科学的向往。

华北电力大学电子系 2020 级本科生　王帅

1.请分享您在参与"情暖童心"教育精准扶贫行动中印象最为深刻的小故事。

那时我刚刚参加"情暖童心"的活动,与小朋友还不熟悉,上课时我们俩都很严肃,就好像真正的老师与学生在办公室辅导功课。我觉得这个活动不应该是这样的,于是第二次上课我没有讲课,而是以一种大哥哥的身份和他聊天。那次我们聊了很多。一开始我主动分享我小时候的一些趣事,渐渐地他也和我分享了他生活中的事情。从那次上课我开始越来越了解他,了解到他其实是一个很温柔、内心很丰富的小朋友,我们的关系也从那次课开始越来越好。那次课可以说是我们两个真正相识的开始。

2.您是哪一年参与的行动,主要负责了哪些内容,当时参与"情暖童心"教育精准扶贫行动的原因是什么?

我是从 2020 年刚升入大一就开始参加"情暖童心"的活动,一直到 2021 年暑假一共参加了三次。最开始只是想多参加一些课外活动,丰富一下课余生活,毕竟在当时封校的情况下,这种活动真的很少。但是随着我和那位小朋友逐渐熟悉,我发现他和我小时候还挺像的,他也曾说挺想有一个哥哥的。我们的关系越来越好,直到后来活动结束后我们还保持着联系。同时我也了解到这是他小学的最后一年,所以之后在寒假以及大一下学期的辅导活动我也毫不犹豫地参加了。我觉得既然相遇便是一种缘分,我希望陪着他走过小升初这个对他来说挺重要的一个时期。

3.您在参与"情暖童心"教育精准扶贫行动后有哪些收获,学校对哪些小环节的设计让您从中受益较多? 参与行动的收获对您的工作是否有积极意义?

通过辅导小朋友的学习我变得不那么固执了。从前我总是习惯一条路走到黑,最开始我在辅导小朋友时也是这么做的。有时遇到比较难理解的知识我总是一遍一遍地讲,不管这种方法对小朋友来说是不是太抽象,但往往最后是小朋友失去耐心不愿意学了。于是我开始改变我的讲课方式,小朋友听不懂我就换一个角度。渐渐地我发现在平时的生活中我遇到问题也不再有那种不撞南墙不回头的态度了,而是从各种角度寻找解决问题的方法。我知道这对我以后无论是学习还是生活都是意义重大的,对于能参加这个活动我感到很幸运。

4.从您的角度去看,您认为"情暖童心"教育精准扶贫行动在当地的实施效果怎么样? 学生家长和学校的评价如何? 您认为项目的帮扶有没有很好地对接服务对象的需求?

就我遇到的情况来说,我认为小朋友家长对这个活动的评价很高,每次询问家长是否还愿意参加时,家长们都很乐意,并且希望可以继续把这个活动进行下去。而且我负责的小朋友的家长也和我反映说孩子的成绩有所提高,这无疑是对我们这些志愿者最好的反馈了。同时,我觉得这种一对一的形式更能针对小朋友的薄弱部分进行精准辅导,另一方面,我们在辅导的过程中扮演的不是一个老师,而是一个大哥哥大姐姐的角色,我觉得这也更能与小朋友进行沟通和交流。

5. "情暖童心"教育精准扶贫行动最能满足您在哪些方面的期待?

通过参加这个活动,我真正地帮一个小朋友提高了成绩,跟着他度过了小升初这么一段关键的时期,我感到很幸运。我曾想要是我小时候也能有这么一位大哥哥,也许我能少犯一些错误,少惹一些麻烦吧。每个学期的活动结束前,家长都会向我表示感谢,小朋友也会问我下学期还会不会继续辅导他,这时我便觉得之前每次备课讲课花的时间和精力都是值得的。我感觉能在课余时间做一些有意义的事,我的每天都没有浪费。

6. 您对"情暖童心"教育精准扶贫行动的下一步发展有哪些意见建议?

我觉得"情暖童心"是一个非常有意义的活动,我希望它可以一直继续下去。同时我也希望学校能多多宣传这个活动,让更多的人知道这件事。传播乐于助人、互帮互助的精神,提高社会凝聚力,宣传身边的正义与感动,我认为才是我们做志愿活动的意义所在,让这个社会变得更加温柔和友善也是对所有志愿者最大的回报。

第三节　顺平县领导、师生说

顺平县政协副主席(时任人大常委会副主任)　李晓红

1. 在您看来,"情暖童心"项目在顺平县扮演了何种角色? 有哪些成效和意义?

在我看来,这项活动对顺平县的教育振兴发挥了非常重要的作用,特别是对留守儿童的一生而言,起到了关键性决定性作用,意义重大。智志双扶,脱贫攻坚路上教育扶贫才是切断代际传递的根本举措,"情暖童心"项目来到顺平县,切实针对顺平县的教育痛点问题,针对留守儿童这一特殊情况发力,切实为顺平县的教育扶贫工作的开展发挥了很大助力,也产生了诸多实效。

2. 您认为"情暖童心"项目在实施、发展过程中存在哪些不足? 对于这些不足,您认为该如何改进呢？ 以及项目的下一步发展,您有哪些意见建议呢？

基于顺平县教育的现状,我感觉应该增加覆盖面,延伸到更多的学校和更多年级的学生,尤其是顺平县外围圈的学校、山区的学校和孩子们,对于项目开展的需求更为迫切,虽然困难重重,但是我相信多方合力还是能够再进行拓展。那针对目前最新形式,项目发展下一步应结合乡村振兴政策下的农村教育制定更灵活多样的活动形式,在国家大政策背景下不断增强项目活力和服务力,产生更多实效。

3.“情暖童心”志愿者们的到来对当地教育以及受助孩子们有哪些方面的益处,孩子们有怎样的变化(包括学习、志向、心理及行为等方面)？

志愿者活动给当地教育注入了新鲜活力,对于顺平县的学校来说,师资力量相对而言有些欠缺,志愿者这一些年轻小老师的到来,带给了孩子们全新的体验,“科技筑梦”专项活动的时候,志愿者们带来的 AR、机器人、3D 打印这些,都让咱们这边的孩子们眼前一亮,为孩子们心中埋下了一颗科技的种子。志愿者的陪伴也使得孩子们的心理更加健全,性格更加开朗,学习兴趣更浓。

4.“情暖童心”对学校的教育工作带来哪些影响,对学校老师有何影响？

学校老师也提高了教学能力,让学校教育工作思路更开阔。大学生校官计划的开展,选派大学生常驻学校负责协助校长管理学校日常事务,对学校教育工作来说开辟了新思路,老师们也接触到了新的教育理念以及针对留守儿童心理及行为问题上的知识。

5.对“情暖童心”活动的形式、内容、时间、频率等方面有何建议？

形式内容再丰富一些、频率应该加大,时间也最好延长。项目组对活动形式也是不断地在创新,这样是很好的,建议继续丰富活动内容,让孩子们更多地拓宽眼界,现在学校的条件也更好了,电脑等设备也跟上了,也给咱们提供了更多便利。在时间和频率上面还是尽可能地能够协调志愿者的这个课余时间,加大服务时长和频率,这样对孩子们来说会更有成效。

6.对大学生志愿者的建议？

更多地和孩子们互动、交流,把自己的成长经历多和孩子们分享。咱们大学生志愿者都跟孩子们很亲近,孩子们也愿意和这些哥哥姐姐们谈心玩耍,多跟小孩子们讲讲自己的成长故事,跟他们交交心,也开拓他们的视野。

顺平县教育局　赵静

1. 在您看来,"情暖童心"项目在顺平县扮演了何种角色? 有哪些成效和意义?

"情暖童心"为我县留守儿童关爱工作提供了有效的技术支撑。九年来,"情暖童心"工作在农村学校条件提升、特困学生帮扶资助、普及中小学心理健康教育等方面产生积极的推动作用,为全县范围内留守儿童关爱工作提供了很好的可执行性模板。

2. 您认为"情暖童心"项目在实施、发展过程中存在哪些不足? 对于这些不足,您认为该如何改进呢? 以及项目的下一步发展,您有哪些意见建议呢?

原来感觉在大学生和小学生的联系互动方面,还是有些少,农村留守学生普遍的状态是家庭教育水平低,家长本身学历比较低,又忙于生计,对孩子关心关爱的意识淡薄。我们为了弥补这方面的缺失,一定是需要一种稳定的关系的介入,所以针对关爱对象,如果能建立周期性的联系,关爱效果肯定会更好。

前一段时间,与我乡四联办小学对接的机械系的负责人跟我联系,他们组织了几次网上课程,通过钉钉群给孩子们上课,我觉得这种形式很好,做个海报,我们转发给家长,扫码进钉钉群,每周利用晚上的时间给孩子们上上课,可以很大程度上弥补农村家庭教育的缺乏。

3. "情暖童心"志愿者们的到来对当地教育,以及受助孩子们有哪些方面的益处,孩子们有怎样的变化(包括学习、志向、心理及行为等方面)?

孩子们的变化还是很明显的,接触过大学生志愿者,对于农村孩子来说是一个非常珍贵的回忆,据我了解,有很多学生跟大学生志愿者建立了很亲密的联系,这对于他们的志向,肯定是一个积极的引导。

4. "情暖童心"对学校的教育工作带来哪些影响,对学校老师有何影响?

我县农村学校整体上比较薄弱,"情暖童心"工作的开展,为学校提供了很多新的思路和资源,有助于打破相对保守的局面。

对于老师来说,我觉得最大的影响还是在思路上吧,有些新的东西进到学校里来,老师看到还有这种不同的形式,有助于打开思路。

5. 对大学生志愿者有什么建议?

这个没有什么建议,咱们华电的大学生综合素质很高,这些年每次活动都能体现出来,为大学生志愿者们点赞!

6.其他方面的意见、建议或体会。

希望"情暖童心"工作可以长期开展下去,我来农村小学工作一年多了,实际上需要加强关爱的,不仅仅是留守儿童,现在农村家长的家庭教育真的是太差了,所有农村学校都很需要"情暖童心"这样一个渠道,作为学校教育的重要补充,为更多农村孩子提供帮助。

导务小学副校长——葛俊书

1."情暖童心"志愿者们的到来对孩子们有哪些方面的益处,孩子们有怎样的变化(包括学习、志向、心理及行为等方面)?

孩子们都很喜欢大学里来的大哥哥大姐姐,他们带来的一些小手工制作、试验器材等等都激发了孩子们对学习的兴趣,今年暑假不是有一个手摇升降国旗装置吗? 有的孩子学会了,还会自发地去抖音上看相关的知识和原理,自己做一些小的简易的手工,比如土电话等等。有好多孩子都是参加过好几次的,我今天问他们有没有参加过三次的,好多同学都举起手了。有些同学都记得大哥哥大姐姐的名字,有些加了联系方式,还时不时地进行联系,有个叫米润琪的大学生,和我们的小学生一直有联系,经常给孩子们讲数学题之类的。

每次来的时候,大哥哥大姐姐们都会给孩子们进行课后作业的辅导,虽然现在咱们这个项目更多地培养孩子们的兴趣,但是这些辅导也增加了孩子们学习的热情和兴趣。有的时候不仅仅是成绩的提升,更是做人品质的一个提升。孩子们都比较封闭,也没出过几次远门,他们的视野难免受限制,优秀的人来到这里,相当于给他们打开一扇窗户,让他们也看看外面的世界是什么样子,从心底里对外面的世界有个向往。家长们也特别希望你们来,有的时候就会问我能不能多待几天,多来几次,觉得老师们都特别负责,今年下雨下得特别大,有些家长没法来接孩子,咱们的老师都把孩子一个一个送回家里了,家长觉得特别感动,特别想让自己家的孩子来参加这个活动。为了安全和接送方便,我们基本都找的本村的小孩子,有些邻村的小孩子也想来。今年第一天就40个学生,后来每天都会多一两个,孩子家长都很认可这个活动。前年的告别会上,孩子们都掉眼泪了,一直说舍不得大哥哥大姐姐们走,想让大哥哥大姐姐们多待几天。

而且,你们搞的这些活动也给孩子们一个锻炼自己的平台,咱顺平县也是在山区里,我们的孩子都生活在比较闭塞的环境里,特别是一些留守儿童和单亲家庭的小孩就不自信。我们有个姓范的小孩,她妈妈是智力障碍,她爸爸今年刚刚去世,家里哥哥刚刚初中毕业。我们每次和她接触的时候都能感受到孩子比较内向、敏感。但感觉今年参加了这个活动后对她也有影响,爱笑了,也开朗了。

2."情暖童心"对学校的教育工作带来哪些影响,对学校的老师有何助益?

开展的这些活动也是对学校教育的一个补充,我们乡镇小学,情况比较艰苦,老师也不是很多,音体美这些老师都是兼职老师,有些老师自己也不是很清楚这些东西应该怎么教。但是咱们每次来的孩子都是多才多艺的,前年有个弹吉他的小伙子到现在孩子们还记得,说这种都是从电视上才能看到的,日常生活根本接触不到,也激发了孩子们对艺术的兴趣。

之前还有心理组的老师给我们的教师进行培训,我觉得这个也很好,我们老师毕竟接触的东西少,学校这个平台也小,一些先进的心理知识也不是很了解,但是现在小孩子的心理也是需要关注的。一些新来的老师没经验,处理起家长和学校的关系、老师和学生的关系就不是那么好。给老师一些培训也方便教学活动的开展。

3.您希望"情暖童心"项目组针对学校需求进行哪些方面的调整和服务?下一步有什么建议?工作开展状况?

希望能多一些基础类的教育,比如增加一些书法课,让孩子们正确写字,规范字体。多搞一些兴趣类的课程,我们的孩子其实有几个很有艺术天赋,有一个孩子特别喜欢舞蹈,算是上了个小兴趣班吧。但兴趣班在镇上,一年也就去几次,对她整个人的提升其实不是很大。所以希望咱大学生们能多开展一些这种艺术、科技类的课程,全面培养孩子的兴趣。

也希望如果条件允许的话,能让孩子们去华电看看,看看大学是什么样子的,让他们自己也被震撼下,亲身感受下才能滋生对学习的向往,对优秀的渴望,在孩子们心中种下个种子,我想这个比知识传授更为重要。

4.活动的形式、内容、时间、频率等方面有何建议?

家长们都希望时间可以延长一点,次数可以增多一点,都觉得这个活动对孩子们特别好。我们学校这里倒是可以,安排老师帮咱们大学生管理下学生。

双减政策影响的只是作业量,对我们这个活动并没有什么特别的影响,我们增加了作业的梯度,注重培养孩子们的兴趣,建立一些社团,丰富活动,这些也是想从咱们大学生这里寻求帮助的内容。

5. 对大学生志愿者的建议?

希望可以来一个会做饭的学生吧,我经常看到大学生们总吃方便面,这样不健康。也希望可以来一些多才多艺的,多搞一些活动,给孩子们长长见识,也锻炼锻炼孩子们的自信心,不怯场。

中粮希望小学校长——安卫杰

1. "情暖童心"志愿者们的到来对孩子们有哪些方面的益处,孩子们有怎样的变化(包括学习、志向、心理及行为等方面)?

咱们这个活动一般找的都是本村的孩子,外村的孩子接送不太方便。但一般外村的家长一听说这个也想来,可以自己负责接送。本来暑假就是顺平县农忙时节,家长们都去干活了,根本管不了孩子,把孩子放到这里也是减轻了家长的负担,还可以给孩子们提供一些学业、兴趣类的辅导,家长们都很愿意。

孩子们都很喜欢大学里来的大哥哥大姐姐。山区条件差,孩子们家里条件也不是很好,见识世面少,大学生见多识广,也会给孩子们带来一部分新鲜感,增强孩子们的见识,促进孩子们的全面发展。我们发现好多小孩子参加完活动后,说话更有底气了,也更有胆量了,也想着在一些活动中展示自己。孩子们有意识地展现自己,不怯场,不畏畏缩缩的,这样就很好。而且咱们每年都会带来一些物资,今年带过来的科技书我们都分到各个班级的图书角了,孩子们可以在课间的时候随时阅读,给他们一个好的学习环境。还有他们带来的一些小手工制作、试验器材等等都激发了孩子们对科技的兴趣,今年带来的小电机、小飞机等等,孩子们在组装的过程中收获到了快乐,也培养了他们对科学的兴趣。还有每次来的时候,都会给我们这里的孩子带一些书本、文具等学习用品,我们也都分发下去了。咱们小学有很多家里贫困的学生,这些学习用品也给他们的学习生活提供了帮助。

每次来的时候,大哥哥大姐姐们都会给孩子们进行课后作业的辅导,他们备课设计得都很认真,也很契合孩子们的特点,有的时候就是在做一些小游戏、小实验就把知识学到,而且不仅仅是成绩的提升,也是性格的完善。咱们这些活动也给孩子们一个锻炼自己的平台。之前你们来的时候,村民都围着看,都觉得是件好事,也没有村民捣乱搞破坏,大家对这个事情都很高兴。家长们也很认可。这个点一直联系的是赵萱老师,赵萱老师人特别细心,考虑事情也很周到,对孩子们、对学校的需求也比较了解,出现什么问题都能及时沟通。之前华电60年校庆的时候,也邀请了我们这里的一些小孩子去参观华电,我觉得这种活动就很好,让孩子们也看看好大学是什么样子,要努力学习。

咱这个小学的校歌作词作曲者也是华电的杨老师。我们很感谢华电的帮助。之前华电的老师,还在我们这里成立了一个云雀少儿合唱团,两周来这里教一次,带着孩子们练习发声啊这种。还开展了一些兴趣活动等等,这些都丰富了孩子们的生活。

2."情暖童心"对学校的教育工作带来哪些影响,对学校的老师有何助益?

双减政策减少的是辅导主课,咱们开展的这些活动是对学校教育比较缺乏的一个内容,我们就算专职的音体美老师也要去教主课,老师确实太少了。大学生们减轻了我们一些压力。而且大学生们组织的一些活动、小游戏都让孩子们特别感兴趣。对学校老师教育孩子也有一定的助力。

3.您希望"情暖童心"项目组针对学校需求进行哪些方面的调整和服务?下一步有什么建议?工作开展状况?

希望可以培训下咱们的老师,咱们地方条件艰苦,老师的流动性也比较大,经常有一些新来的老师,新来的老师对如何教育孩子们不是很了解,希望能给咱们的老师培训一些短期见效的内容,让老师们尽快投入到工作中。特别是心理健康方面,咱们的学生很大一部分都是留守儿童,要么就是爸爸妈妈失去劳动能力的,孩子们可能有点自卑,我们学校的专职心理师资根本不够,无法满足学生的需要。

音体美老师也很缺乏,如果华电这边有优秀的师资的话,等条件允许时,想请华电的老师来给我们孩子上上体育课、美术课这种。也希望加强下两边的沟通,华电的一些讲座能不能让我们的老师也去听听?华电的一些活动能不能让我们的小学生也去见见世面?

4.活动的形式、内容、时间、频率等方面有何建议?

家长们都觉得这个活动对孩子们特别好,想延长时间。

5.对大学生志愿者的建议?

可以来一些多才多艺的志愿者,孩子对这些方面特别感兴趣,多搞一些活动,丰富下孩子们的假期生活。

神南总校校长——冉永强

1.“情暖童心”志愿者们的到来对孩子们有哪些方面的益处,孩子们有怎样的变化(包括学习、志向、心理及行为等方面)?

给孩子们带来了新思想新东西。我们顺平县整体条件都很艰苦,孩子们其实厌学的情况也很严重,这些都是我们在实际中需要面对的问题。咱们这个活动,都是从一些小的游戏、试验开始,一点点培养孩子们的兴趣。大学生的到来,让孩子们明白知识才能改变命运,有认识才会有动力。

孩子们都很喜欢大学里来的大哥哥大姐姐,他们带来的一些小手工制作、试验器材等等都激发了孩子们对学习的兴趣。我们这个点一直都是动力系负责的,虽然负责的老师一直在换,但是老师都是很负责任的,像王磊老师、周硕老师、谷青峰老师这些现在还给我们留下了很深刻的印象,我们还时不时地进行联系。

我们这里有个小学生叫田梦泽,他爸爸无劳动能力,一家是因病返贫,这个孩子有个哥哥在河北师大念书,孩子一直觉得哥哥就很优秀,后来发现华电来的都比他哥哥考的分数高,整个人也受到了感染,想更努力学习,这种带动作用是我们老师做不到的。他们认识到山外的世界,对他们整个人的震撼是我们很难通过讲课做到的。

2.“情暖童心”对学校的教育工作带来哪些影响,对学校的老师有何助益?

帮孩子们培养了学习的习惯和能力,这种思维习惯不仅仅是小学阶段受益,在之后的学习阶段也受益匪浅。活动中也对我们老师进行培训,这些对我们老师在实际中教育学生也有很大的帮助。

3.您希望“情暖童心”项目组针对学校需求进行哪些方面的调整和服务?下一步有什么建议?工作开展状况?

希望能借助华电的平台宣传下我们学校,我们学校的校长在这里工作三十几年,从来没喊过苦、喊过累,一直坚守一线岗位。今年还被评为基层骨干等等,被《保定日报》报道。这种优秀的教育人物希望能宣传下,吸引社会对我们的关注,能看到乡村教育,能看到我们孩子这种现状。有很多从我们山区里出去的孩子,最后又回到山区教书,这些都是可以宣传的点,也是展现我们教育内核的方式。也希望华电的专业技术人才教我们一些现代媒体的运用方式,推出一些我们自己的内容,让社会各界都能了解到我们,吸纳社会力量改变教学环境。

我们学校办学条件比较艰苦,冬天比县里平均低 3—5 度,虽然有些爱心企业给我们捐了一些电暖气,但是我们经费有限,冬天电费是一笔很大的开支,我们老师开空调还是开电暖气都要算算哪个用电划算。所以希望华电发挥下电力学校的优势,帮我们联系或者帮我们设计一些太阳能的灯或者取暖设备,让老师能暖和地过冬天。

也希望能和华电优秀老师加强联系,解决我们老师教学或者管理学生中遇到的问题。我们老师在村里面,见识也很局限,需要外面的优秀老师给我们开开眼界,见见世面,提升我们的师资水平。希望给我们的老师进行一些培训,现在知识更新换代太快了,我们需要不断地用新知识替代旧知识,为我们老师如何应对变化提供一些指导。

如果条件允许的话,有一些大型的科技类的机器也可以带过来,我们好多孩子都没见过,很难对科技啊什么的产生兴趣,带过来,他们见过的,才更容易产生兴趣。这样能帮孩子们树立热爱科技的意识,种下学习的种子。

希望华电能给我们这里的教师出一个如何应对学生、家长,给他们进行心理辅导的小册子。心理辅导很重要,我们这里有很多留守儿童,从小跟着爷爷奶奶生活,心理可能会出现一点点问题,这个时候就需要我们有专业的心理老师为他们进行疏导。如果可以的话,也希望华电能不能提供一些实用的心理辅导的辅助工具,比如沙盘这种,我们学校心理辅导室的设备太简陋了,也没法提供更好的心理辅导。

4. 活动的形式、内容、时间、频率等方面有何建议?

希望对我们的老师也进行一下培训,帮助我们老师适应变化的社会,特别是心理方面的知识培训。特别是对家长的培训,指导家长怎么教育孩子,教育的重要性,对我们学校工作的开展也更有帮助。

5. 对大学生志愿者的建议?

孩子们都挺好的,很认真,也很负责。可以来一些多才多艺的,让活动形式变得更为丰富多样。

卢××同学　现就读于河北经贸大学

1. 你是什么时候参加的"情暖童心"活动? 你对来的大哥哥大姐姐还有印象吗?

我是初二的时候参加的"情暖童心"活动。我虽未见过大哥哥大姐姐,但我收到了他们送给我的学习用品和鼓励的话语,我至今保存,感谢大哥哥大姐姐的帮助和鼓励。每次情绪低落时,我都会翻出来看看,"上帝为你关闭了一扇门,就一定会为你打开一扇窗",这句话一直鼓励着我,感谢大哥哥大姐姐的支持和鼓励。现在的我也会在公益活动中给一些贫困山区的学生写鼓励和祝福的话,希望他们健康快乐地成长。

2. 当时,你对哪方面课程感兴趣啊? 喜欢上体育课? 科技课程? 文艺课程? 现在平时课外活动有什么? 喜欢运动么?

喜欢科技课程。现在平时的课外活动有志愿活动和各类比赛,平常会拿出一些时间去运动,比如跑步、打球之类的,比较喜欢乒乓球。

3. 你现在学习、工作情况?

现在已经是一名大四的学生了。在大学期间,以学业为重,同时也参加一些比赛开阔眼界,提升自己。截至目前,获得过一次一等奖学金、四次二等奖学金、励志奖学金、数学建模比赛校级三等奖、市场调研大赛省级二等奖等,在大学期间,努力学习自己的专业知识,同时作为班长,为班级同学做好服务。

大学生活已接近尾声,在大学期间学会了很多,也成长了很多,感谢华北电力大学举办的"情暖童心"活动,让我有机会进入大学的校门;感谢各位老师和学长学姐的帮助、关心和支持,让我有信心、无顾虑地学习和成长。

4. 你印象最深刻的一件事是什么,对你如今的学习工作产生了什么影响?

自参加"情暖童心"活动以来,发生的所有事情历历在目。印象最深刻的是,初中班主任告诉我,我被选上,能够参加"情暖童心"活动。当我听到这个消息时,非常激动,热泪盈眶。我是何其幸运,能够参加此次活动,它给了我希望,给了我很大的支持。我不会因为经济原因而辍学,只要我足够努力,我就能够上大学,实现自己的大学梦。包括读初中、高中和大学时,老师们的每一次关心和问候,我都印象深刻,记在了心里。感谢你们的帮助,帮助我走出困境,让我看到了希望,给了我莫大的支持和鼓励,最终可以进入大学深造。在今后的学习生活工作中,我会尽自己的力量帮助需要帮助的人,从小事做起,从点滴做起,将这份爱心传递下去。

5. 你参加"情暖童心"活动的最大收获,对你最大的帮助是什么?

非常荣幸能够参加"情暖童心"活动,对于我个人而言,它给了我能够继续深造的希望,对于我的家庭而言,在一定程度上减轻了父母的经济压力。参加此次活动,使我能够抛弃思想包袱,全身心地投入到学习当中,取得更加优异的成绩。

最主要的是让我真切地感受到了满满的温暖,在我遇到困难的时候,有很多的人默默关心、支持我。这不但是对我经济上的帮助,更多的是精神上的支持和鼓励。感谢此次活动,感谢各位老师和大学生哥哥姐姐的帮助和支持。今后,我会将这份爱心传递下去,帮助更多的人。

6. 其他想要说的话?

我出生于一个贫困的农村家庭,因母亲残疾,家庭的重担全部落到父亲的身上,还需要供我和妹妹两人上学,使原本贫困的家庭更加艰难。生活虽然很难,但我又是非常幸运的,因为我有机会参加"情暖童心"的活动,参加此次活动,给了我特别大的帮助、支持和鼓励。因为它,我不再担心自己会因为经济原因而辍学,所以我更加珍惜学习的时光,加倍地努力;它给了我能够上大学的希望,同时也帮助我实现了这个梦想。

我真诚地感谢你们一直以来对我的关心、支持和鼓励,你们无私的帮助,是我一生中永远的精神财富,我会将这份感激永远铭记在心。在以后的生活中,我会将这份温暖传递下去,带着一颗感恩的心,回报学校、回报社会和关心支持我的每一个人,同时也会帮助到更多的学生,给他们支持和鼓励,帮助他们实现各自的梦想。

周××同学　现就读于河北农业大学

1. 你是什么时候参加的"情暖童心"活动?你对来的大哥哥大姐姐还有印象吗?

2015 年,在我上初中三年级的时候参加的"情暖童心"活动。

2. 当时,你对哪方面课程感兴趣啊?喜欢上体育课?科技课程?文艺课程？现在平时课外活动有什么？喜欢运动么,打球等？

当时喜欢上体育课和化学课。现在喜欢打排球。

3. 你现在学习、工作情况？

现在我就读于河北农业大学园艺学院,是一名大四学生。

4. 你印象最深刻的一件事是什么,对你如今的学习工作产生了什么影响？

每年年末,郭孝锋老师都会来顺平县,在学校跟我们见面,给予一定的物质和精神支持,有学习用品、复习资料,也有御寒的冬衣和厚实的毛毯,体贴入微。同时他也向班主任询问我们的学习和生活情况,并鼓励我们努力学习,争做人才。记得在刚参加"情暖童心"活动时,郭孝锋老师一行去了我们家,了解了我们家的经济来源,面临的困难,同时嘘寒问暖,送来关怀与爱心,也提出了对我们的希望和信心,给我打了气,使我更坚强地面对生活。这种无私奉献和细致入微让我非常感动。

5. 你参加"情暖童心"活动的最大收获,对你最大的帮助是什么？

最大的收获,我觉得是感受到了一股温暖的力量,同时一颗善良的种子也播到了我的心上。只有好好学习,提高本领,才能更好地为社会出力!

最大的帮助是让我认识到了学习的重要性。

6. 其他想要说的话？

感谢华北电力大学,感谢郭老师和其他老师对我的关怀和帮助,在以后的工作和生活中,我也会尽我所及,为社会出力,为人民服务!

李××小朋友　初中

1. 你叫什么名字呀,平时有什么爱好呢？

我叫李××,平时喜欢画画、跳皮筋。

2. 你是什么时候参加"情暖童心"活动的？ 对来的哥哥姐姐们有什么印象吗？

我参加了两次"情暖童心"活动。我们当时和哥哥姐姐们一起画建党 100 周年的手抄报,在"100"上进行了很多小创意,他们还教我们画了祖国的大好河山。

3. 你都参加了哪些活动呀？ 对哪方面更感兴趣？

我对非牛顿流体实验印象特别深,当时哥哥姐姐们用淀粉和水混合成糊糊状,再按进去就会陷进去,然后回家我自己给姐姐展示也成功了。手工课也很有意思,我们一起折起很大的飞机,把梦想写下来飞到远处。然后在汇报表演时我还被选上担任主持人,给所有的节目进行串场,开始的时候还会很紧张,在姐姐们指导下我就越来越放松,虽然过程没有很满意,但是结果我感觉还是很棒的。之后,我们参加朗诵比赛还得奖了呢。这些活动经历都特别有趣,也让我有勇气敢站上这样的舞台。

4.父母支持你参加这个暑假活动吗,以后还想参加吗?

父母比较支持的,姐姐还让我把在学校学到的知识回来给她也展示展示呢。以后还想参加这样的活动。我跟小伙伴们分享活动的趣事,他们也都很想尝试,但有些家离得太远了,过来不太方便,所以都错过了,我家离得比较近所以希望以后都能来。

5.对未来有什么期待和理想吗?

我以后很想做设计这方面,哥哥姐姐们当时教我们画建党100周年标志的时候我就对图标 logo 设计很感兴趣。空闲的时候,我会找到一些图片看,然后自己模仿修改。以后我想去大一点城市上大学,然后带家人出去给他们更好的环境。

6.有什么收获?

哥哥姐姐们的引导让我更坚定了未来的目标,我一定要好好努力,走到更远的地方,去见识更多的东西,也很感谢哥哥姐姐们,希望他们学业有成。

贾××小朋友　六年级

1.你是什么时候参加的"情暖童心"活动?你对来的大哥哥大姐姐还有印象吗,喜欢他们么?

我原来在学校参加过一次,转学至导务小学之后分别在三、四、五年级参加过"情暖童心"活动。还有印象,对线上一对一辅导的老师印象最深。

2.当时大哥哥大姐姐带着大家做什么活动或游戏了?你参加了什么活动?参加活动开心吗?

跳绳、羽毛球、篮球、五子棋、踢毽子等。每一项都参加了,参加活动很开心,比在学校上课的时候的课间有意思。

3.你对哪方面感兴趣啊?喜欢上体育课?科技课程?文艺课程?现在平时课外活动有什么?喜欢运动么,打球等?

更喜欢的是科学课和文艺课,老师教我们做了升旗台,还有非牛顿流体,弄了一身淀粉,但是很有意思。

平时的课间就会做课间操、跳皮筋、踢毽子,体育课也是跑操、做操、跳远等等,没有其他体育项目。

4. 你学习成绩现在怎么样? 班级多少人,排名多少? 原来是多少名? 你学习上有提高了?

我的成绩一直是班级第一,班里有 31 人。

5. 希望大哥哥大姐姐以后来了上什么课? 希望他们带来什么? 希望他们什么时候过来? 来了以后开展什么形式的活动?

更希望来上舞蹈课、象棋、围棋、历史课。其中,历史比较想学习中国古代史。希望寒假线上,暑假线下。

6. 你长大以后想做什么? 你现在有什么理想、目标? 你的理想感觉和参加"情暖童心"活动有关系吗?

长大以后想做一名老师。来"情暖童心"的老师对我们都很好,我以后也想教书。

7. 你们班里有多少小朋友参加了"情暖童心"活动? 还想参加? 没有参加的同学怎么说,他们想来么?

班里有七个小朋友参加了。没来的同学也后悔没来。

8. 你们爸爸妈妈愿意让你们参加每年的"情暖童心"活动么? 你爸爸妈妈对你参加活动支持么? 他们表扬你了么? 还记得他们当时怎么说的?

爸妈特别愿意我来参加活动,文艺演出回去之后还夸我了。他们说我去学校比在家里待着看手机好多了,还能学东西。

9. 你愿意和大哥哥大姐姐做朋友么? 你和他们在一起开心么? 他们走了后你一般和谁玩呀?

很愿意和他们做朋友,他们走了之后都是和自己的弟弟妹妹玩。

10. 你最喜欢和他们一起玩什么? 陪你学习? 上体育课? 美术课?

只要是和他们一起干什么都行!

11. 你参加活动之后,你有什么比较大的收获啊?

参加活动之后最大的收获就是我对科学和数学更感兴趣了,老师的线上一对一辅导帮了我很多,我有不会的题就会问他。

夏××小朋友　六年级

1. 你是什么时候参加的"情暖童心"活动? 你对来的大哥哥大姐姐还有

印象吗,喜欢他们么?

我都忘记我具体参与过几年的"情暖童心"了,应该有个四五年了,从我一年级开始就一直参加,一年没落下,也认识了许多大哥哥大姐姐,很喜欢跟他们在一起的日子。

2. 当时大哥哥大姐姐带着大家做什么活动或游戏了? 你参加了什么活动? 参加活动开心吗?

我们一起做了很多的游戏与活动,做游戏、做实验、做手工等等,我都会参加,印象最深的是哥哥姐姐带着我们做小型的发电机,当小灯泡亮起来的那一刻,很有成就感,很骄傲。

3. 你对哪方面感兴趣啊? 喜欢上体育课? 科技课程? 文艺课程? 现在平时课外活动有什么? 喜欢运动么,打球等?

我最喜欢科技类的课程,因为这些是我们平时很少接触到的东西,平时的课余活动很多,我的兴趣爱好也很多,运动的话比较喜欢打羽毛球,更喜欢看书看文章,各种稀奇古怪的东西都喜欢看一看。

4. 你学习成绩现在怎么样? 班级多少人,排名多少? 原来是多少名? 你学习上有提高了?

学习成绩能排到班里(年级)前三名,高年级以来学习压力大了一些,但是"情暖童心"的经历,学习到的一些思维对我做数学的时候很有帮助。

5. 希望大哥哥大姐姐以后来了上什么课? 希望他们带来什么? 希望他们什么时候过来? 来了以后开展什么形式的活动?

更希望哥哥姐姐们上一些更有意思的课,带来一些有趣的小东西小实验。

6. 你长大以后想做什么? 你现在有什么理想、目标? 你的理想感觉和参加"情暖童心"活动有关系吗?

以后我想当个程序员,想去个大城市读大学,读计算机专业。跟"情暖童心"是有很大关系的,通过活动我对科技很感兴趣,再加上平时上网的一些了解,就有了这个目标,不过相对来说远了些,目前的目标就是考个好初中,尽量往市里或者县里考。

7. 你们班里有多少小朋友参加了"情暖童心"活动? 还想参加? 没有参加的同学怎么说,他们想来么?

周围同学们许多都会参加,而且也是参加了好几年了,周围的同学都或多或少参与过几次,没参与过的同学也都会总向我们询问打听,估计下次有机会他们一定会参加。

8.你们爸爸妈妈愿意让你们参加每年的"情暖童心"活动么?你爸爸妈妈对你参加活动支持么?他们表扬你了么?还记得他们当时怎么说的?

父母很支持我参加"情暖童心"活动,每次回家跟他们分享当天学习的新东西,做的新实验,他们都会和我仔细地讨论,都会给我一种他们都想要来参与、做做实验的感觉。

9.你参加活动之后,你有什么比较大的收获啊?

参与活动最大的收获应该就是让我收获了许多朋友,接触到了许多新鲜的事物、新的知识,也帮我明确了今后的一些小目标,每一位教过我的老师都是我的榜样,我的哥哥也已经走出大山,考上了大学,我希望自己能够像他们一样。

王××小朋友　五年级

1.你是什么时候参加的"情暖童心"活动?你对来的大哥哥大姐姐还有印象吗,喜欢他们么?

四年级参加过一次,我很喜欢他们,虽然不记得名字了,但是对他们的性格印象深刻。

2.当时大哥哥大姐姐带着大家做什么活动或游戏了?你参加了什么活动?参加活动开心吗?

会一起做手工,会有合唱,我觉得非常有趣!

3.你对哪方面感兴趣啊?喜欢上体育课?科技课程?文艺课程?现在平时课外活动有什么?喜欢运动么,打球等?

我非常喜欢做手工,平时课外我会做手工,喜欢听歌;我对实验课比较感兴趣。

4.希望大哥哥大姐姐以后来了上什么课?希望他们带来什么?希望他们什么时候过来?来了以后开展什么形式的活动?

希望多上一点实验课,希望手工课和合唱课可以继续开展。

5.你们班里有多少小朋友参加了"情暖童心"活动?还想参加?没有参加的同学怎么说,他们想来么?

我们班还有三个同学参加过,我们都还想参加,有些没参加过的同学也想来。

6. 你们爸爸妈妈愿意让你们参加每年的"情暖童心"活动么？你爸爸妈妈对你参加活动支持么？他们表扬你了么？还记得他们当时怎么说的？

爸爸妈妈非常支持，并且表扬过我，不过我不记得怎么表扬的了。

7. 你愿意和大哥哥大姐姐做朋友么？你和他们在一起开心么？他们走了后你一般和谁玩呀？

比较愿意和哥哥姐姐们做朋友，会觉得开心；平时和同学玩得比较多。

8. 你最喜欢和他们一起玩什么？陪你学习？上体育课？美术课？

我最喜欢手工和合唱课，我希望开一个美术课。

9. 你参加活动之后，你有什么比较大的收获啊？

感觉自己的沟通能力变强了，更愿意和别人说话了。

杨××小朋友　四年级

1. 你是什么时候参加的"情暖童心"活动？你参加了什么活动？参加活动开心吗？

参与了许多活动，比如叠飞机、做实验、唱歌、五子棋等等，我基本上都参与了，并且在今年汇报演出时担任了主持人，很开心。

2. 你对哪方面感兴趣啊？喜欢上体育课？科技课程？文艺课程？现在平时课外活动有什么？喜欢运动么，打球等？

我最喜欢手工和美术，现在也报了一个兴趣班，每到周末都会去学习水彩画。许多活动平时在学校里也都会有接触，能跟同学们一起玩玩球，画画画。

3. 你学习成绩现在怎么样？班级多少人，排名多少？原来是多少名？你学习上有提高了？

学习成绩都位列班级前三名，通过参与"情暖童心"活动积累了许多新的知识，开拓了自己的视野，尤其是上了高年级以来，对自己的作文写作以及应用题的求解都有很大的帮助。

4. 希望大哥哥大姐姐以后来了上什么课？希望他们带来什么？希望他们什么时候过来？来了以后开展什么形式的活动？

很希望能够上一些更加新奇有趣的课程，比如很想上现在很火的"乐高"课，想要接触一些更加"刺激"的体育课程，比如撑杆跳、射击之类的项目，也希望有更多更有趣的实验课程，能够轻松利用身边的材料实现的内容。更希望他们不只是寒暑假里来，周末来的话相信大家也都很爱参与的。

5. 你们班里有多少小朋友同学参加了"情暖童心"活动？还想参加？没有参加的同学怎么说，他们想来么？

班里许多同学都参加了"情暖童心"活动，大家都很希望能够参与活动，包括今年假期许多附近居住，不是我们学校的小孩子都会来参与我们的活动，没有参与的同学也会一直向我们打听我们发生的有趣事儿，会让我们向他们讲一些细节。

6. 你们爸爸妈妈愿意让你们参加每年的"情暖童心"活动么？你爸爸妈妈对你参加活动支持么？他们表扬你了么？还记得他们当时怎么说的？

父母都很支持我们参与"情暖童心"项目，甚至有的时候开展手工课、实验课时会让我带上还在上幼儿园的妹妹，让她和我一起接触新鲜事物，最一开始只是抱着"试试看，在家里也是玩手机"的态度让我来参与活动，后面父母和支教老师也成了经常联系的"朋友"，也会在朋友圈经常秀一些最近的小成果小成绩，一直打听着我们的活动什么时候再开始。

7. 你参加活动之后，你有什么比较大的收获啊？

感觉通过"情暖童心"我们开阔了自己的眼界与思维，也接触到了许多新鲜的事物，对我们平时的学习生活有许多帮助，许多东西都能运用到生活与学习之中。还认识了许多优秀的大哥哥大姐姐，他们是我们的榜样，很希望自己能够像他们一样，考上一所好大学，以后也回到学校里，教给小朋友们知识，和他们一起玩儿。

后　记

　　党的十八大以来,教育精准扶贫是脱贫攻坚的优先任务和教育事业发展的重点工作,高校作为大扶贫格局的重要力量,要在教育精准扶贫中发挥突出作用。长期以来,华北电力大学始终以服务国家重大发展战略为导向,以培养学生成长成才为根本,切实加强实践育人工作,积极引导青年学生结合专业实践服务国家、服务社会,做新时代的奋进者、开拓者、奉献者。

　　2013年,华北电力大学立足于脱贫攻坚战略的时代背景,联合河北省顺平县政府和社会爱心企业,共同发起"情暖童心"教育精准扶贫实践育人行动,关爱帮扶国家级贫困县——顺平县的农村留守儿童。自项目实施以来,华北电力大学和顺平县领导高度重视,多次召开专题协商会议,多次作出重要指示,一起研究谋划,一同安排部署,一道推进落实,构建起高校、政府、企业"三位一体"的工作格局,既"扶教育之贫",又"靠教育扶贫"。

　　华北电力大学坚持全校"一盘棋"的工作理念,基金会、校友会、学生处、校团委、网络与信息化办公室、研究生院等职能部门,电力工程系、动力工程系、电子与通信工程系、环境工程系、计算机系、法政系等十余个院系,近万名师生志愿者全程参与、倾情助力,推动教育帮扶从短期向长效、从粗放向精准、从治标向治本,从助力脱贫攻坚向助力乡村振兴转变。"情暖童心"项目的每个成果都倾注着无数华电人的心血与汗水,每个鲜活生动的案例背后都是有理想、有抱负、有作为的华电青年的缩影,广大华电学子在教育精准扶贫实践中"受教育、长才干、做贡献",也促进了顺平县7800余名留守儿童"开眼界、长知识、筑梦想",实现了大学生与服务对象的"双向发展""共同成长",绘就了一幅高校教育扶贫的真实图景。

　　党的二十大擘画了以中国式现代化全面推进中华民族伟大复兴的宏伟蓝

图,全面建设社会主义现代化国家,最艰巨最繁重的任务仍然在农村。推进县域内义务教育优质均衡发展,提升农村学校办学水平,深化农村社会工作服务,加强农村未成年人保护工作,特别是健全农村留守儿童关爱服务体系,对全面推进乡村振兴具有重要意义。"情暖童心"项目通过回顾十年来的发展历程,总结十年来取得的成效和工作经验,以期推动教育精准扶贫成果转化,深化理论模式推广,为教育精准扶贫的理论研究贡献"华电智慧";以期优化帮扶模式,健全帮扶长效机制,让"情暖童心"项目走得更远,为教育助力乡村振兴的高校探索提供"华电方案"。在此背景之下,《基于"情暖童心"项目的双向育人创新路径探索与实践》一书由此诞生。

　　本书是教育部高校思想政治工作精品项目的成果凝练。值此新书付梓之际,需要向对本书撰写提供大力支持的领导干部和专家及编写组成员致以诚挚的感谢。本书编写得到了华北电力大学和顺平县领导的大力支持,华北电力大学相关单位和顺平县相关部门提供了大量翔实丰富的资料和图片,多次组织师生前往顺平县帮扶中小学实地调研,并多次召开专题论证会推进书稿写作,为本书的编写提供了全方位的支持和帮助。此外,本书的出版亦有赖于人民出版社相关编辑的辛勤工作,是你们的务实作风、负责精神和认真态度,使本书得以顺利出版而呈现给读者。本书是大家共同协作的智慧结晶,在此一并感谢。由于时间有限,学问粗疏,编写组虽殚精毕力,也难免简漏遗珠。在此,期待各位领导和同仁及所有读者朋友们对本书不吝指正。

责任编辑:刘松弢

图书在版编目(CIP)数据

基于"情暖童心"项目的双向育人创新路径探索与实践/郭孝锋 编著. —
　北京:人民出版社,2023.5
ISBN 978－7－01－025436－4

Ⅰ.①基…　Ⅱ.①郭…　Ⅲ.①儿童教育-扶贫-研究-中国　Ⅳ.①G52

中国国家版本馆 CIP 数据核字(2023)第 031006 号

基于"情暖童心"项目的双向育人创新路径探索与实践
JIYU QINGNUAN TONGXIN XIANGMU DE SHUANGXIANG YUREN
CHUANGXIN LUJING TANSUO YU SHIJIAN

"情暖童心"教育精准扶贫项目组　组织编写
郭孝锋　编著

人 民 出 版 社 出版发行
(100706　北京市东城区隆福寺街 99 号)

中煤(北京)印务有限公司印刷　新华书店经销

2023 年 5 月第 1 版　2023 年 5 月北京第 1 次印刷
开本:710 毫米×1000 毫米 1/16　印张:10
字数:156 千字

ISBN 978－7－01－025436－4　定价:60.00 元

邮购地址 100706　北京市东城区隆福寺街 99 号
人民东方图书销售中心　电话 (010)65250042　65289539